大化改新の謎

闇に葬られた衝撃の真相

関 裕二

PHP文庫

○本表紙図柄＝ロゼッタ・ストーン（大英博物館蔵）
○本表紙デザイン＋紋章＝上田晃郷

はじめに

六世紀の日本は、旧態《きゅうたい》依然《いぜん》とした政治システムによって国力を落としていた。また、相次ぐ外交政策のつまずきが、衰退に拍車をかけた。混乱は長引き、没落は必定《ひつじょう》と誰もがそう思っていた……。まるで今日の日本を彷彿《ほうふつ》させるかのような事態に、われわれの先祖は、いかなる手を打ったのであろうか。

答えは、聖徳太子《しょうとくたいし》という英傑《えいけつ》の活躍に隠されているように思えてならない。

聖徳太子は、当時の先進国・隋《ずい》から多くの文物《ぶんぶつ》を学び取り、次々と斬新《ざんしん》な政策を打ち出していったからである。

太子の偉大なところは、渡来文化をよく咀嚼《そしゃく》し、日本の風土に合わせて改良を加えたことだった。太子亡き後、百年をかけて完成していく律令《りつりょう》制度が、元祖中国のそれとは似ても似つかぬものになったのはそのためで、だからこそ、この統治システムは、形のうえとはいえ、近世まで継承されたのである。

また、聖徳太子は、けっして大国の論理に屈しなかった。有名な「日出《い》づる処《ところ》の天子、書を日没《ぼつ》する処の天子に致《いた》す。恙《つつが》なきや、云々《うんぬん》」という国書をしたため、隋の煬帝《ようだい》を慌《あわ》てさせた。媚《こ》びを売らず、正面から隋に立ち向かっていったのである。

そして、それまでの「門閥《もんばつ》」ではなく、能力によって出世も可能となる冠位十二《かんいじゅうに》階《かい》を制定し、有能な人材を募《つの》った点も見逃すことはできない。〝日本〟という国家・民族・風土を意識し、「人」を重視した改革であったからこそ、聖徳太子の遺志は尊重され、引き継がれていったといえよう。

しかし、このような「行政改革」がけっして順調に推移したわけではない。一般には、聖徳太子の改革事業を潰《つぶ》しにかかったのが、既得権《きとくけん》を死守しようとした蘇我《そが》氏であったと信じられている。しかし実態は、どうも違うようである。「改革潰し」は、実行犯によって、真相を闇に葬《ほうむ》られていた。そして、真実は意外な結末をわれわれに用意していたのである。

なぜなら、七世紀半ばに勃発《ぼっぱつ》した蘇我入鹿《いるか》暗殺、いわゆる乙巳《いっし》の変《へん》・大化改新《たいかのかいしん》と呼ばれる事件こそ、既得権を死守しようとした守旧派による「改革潰し」にほかならなかったからである。そして、類希《たぐいまれ》なる悪人という蘇我入鹿像が構築されていったのだ。したがって、大化改新の真相を解き明かすことこそ、古代行政改革の経《いき》緯《さつ》を知るうえで重要な意味をもっていることは述べるまでもない。

また、「改革」には「改革潰し」が付きものであるという教訓を、今こそ現実の政治に生かさねばならないであろう。現実を変革するには、まず腐敗したシステムを破壊し、さらに民族の歴史をふまえたうえで、その民族それぞれの生活に合った改革を進める必要があることも、大化改新が教えてくれているように思う。

本書は、古代社会に大きな発展のチャンスをもたらした聖徳太子の古代行政改革と、その反動としての大化改新（乙巳の変）の真実を、通説に疑問を抱く形で解き明かそうとするものである。

聖徳太子とその背後で活躍した蘇我氏の実像を追うことで、日本的な改革事業の光と影を再現できるはずである。

混迷する現代社会が、歴史の中に貴重なヒントを見出せられたらと願ってやまない。

大化改新の謎＊目　次

第二章 呪われた大化改新

第三章　二つの日本の死闘……131

第四章 大化改新という改革潰し

編集協力／㈲ホソヤプランニング

第一章

大化改新という謎

コラム

第二次世界大戦は一九三九年（昭和十四）九月一日のドイツ軍のポーランド侵攻《しんこう》に端《たん》を発《はっ》するが、その直前、日本とソ連は、満州《まんしゅう》国・モンゴル人民共和国両国間の国境をめぐる主張の隔たりから、戦火を交えた。いわゆるノモンハン事件がこれである。

火力・物量の差で圧倒された日本軍は、いちどは撤退を決定するも、現地の関東軍が中央の意向を曲解《きょっかい》、独自の意志をもって戦闘を続行してしまうのである。これは、曖昧《あいまい》な命令系統と、馴れ合いの人事が招いた悲劇であった。そして関東軍は、兵力の逐次《ちくじ》投入というもっとも忌避《きひ》すべき作戦を繰り返し、結局、無惨な敗北を喫したのである。

当時、日本はすでに日中戦争を戦っていたが、対中国戦との差を肌《はだ》で感じたはずである。近代戦のすさまじさ、火力の優劣がいかに大切かを目《ま》の当たりにしながら、この教訓をまったく生かすことなく、その後も旧式の武器を改良しようともしなかったのはなぜだろう。旧陸軍の歩兵銃《ほへいじゅう》が、日露《にちろ》戦争当時とまったく変化なく採用されつづけたことはつとに名高い。

ノモンハン事件に際してソ連の司令官・ジューコフは、日本軍の下士官《かしかん》以下の戦いぶりを称賛《しょうさん》するいっぽう、高級将校の無能さを指摘していたという。すなわち、官僚《かんりょう》としての軍上層部の質の低さが、日本軍の敗北を決定的にし、しかも「官僚」が貴重な教訓を黙殺してしまったのである。

『失敗の本質』（戸部良一《とべりょういち》・寺本義也《てらもとよしや》・鎌田伸一《かまたしんいち》・杉之尾孝生《すぎのおよしお》・村井友秀《むらいともひで》・野中郁次郎《のなかいくじろう》共著　中公文庫）は、官僚組織としての日本軍について、

「日本軍が戦前において高度の官僚制を採用した最も合理的な組織であったはずであるにもかかわらず、その実体は、官僚制のなかに情緒性《じょうちょせい》を混在させ、インフォーマルな人的ネットワークが強力に機能するという特異な組織であることを示している」

と分析し、さらに、ノモンハン事件の教訓を生かしきれなかった理由については、次のように指摘している。

「およそ日本軍には、失敗の蓄積・伝播《でんぱ》を組織的に行なうリーダーシップもシステムも欠如していたというべきである。(中略)陸軍は装備の近代化を進める代わりに、兵力量の増加に重点を置く方向で対処した。装備の不足を補うのに兵員を増加させ、その精神力の優位性を強調したのである」

この分析を読んで空恐ろしさを感じるのは、数十年の年月を隔ててなお、日本は変わっていないのではないかという不安からである。ノモンハンの前線では、現地指揮官が責任をとらされ、自決を強要されたのである。

今日の国政を官僚が支配していることは、誰の目にも明らかだ。行政改革の主題も、いかに官僚の支配力を弱めるかにある。しかし、一部のエリート集団の結束は強固で、しかも彼らは関東軍の司令官とほとんど体質的に変わっていないところに問題がある。

バブルの崩壊後、右肩上がりの経済に依存した体質を改善しようともしないのはなぜだろう。いまだに省益《しょうえき》のみを優先し、国益《こくえき》を顧みないのが日本の官僚であるとすれば、お先真っ暗である。

◇改革潰しとしての大化改新と明治維新

大化改新《たいかのかいしん》と明治維新はよく似ている。

このことは明治時代、すでに指摘されていたことである。しかし、ここで「似ている」というのは、かつて喧伝《けんでん》された「王政復古《おうせいふっこ》」としての二つの事件について述べているのではない。「改革潰《つぶ》し」としての大化改新と明治維新が似ている、といっているのである。

明治維新は薩摩藩《さつまはん》と長州藩《ちょうしゅうはん》が京都の朝廷を楯《たて》にして、徳川幕府を打ち倒した事件として知られている。それはけっしてマイナスのイメージはなく、幕末の木曾路《きそじ》を描いた島崎藤村《とうそん》の小説の題名が『夜明け前』であるように、また、明治維新が文明開化と結びつけられたように、過去の野蛮《やばん》な日本は、ここから新たな歩みをはじめたと考えられている。

しかしいっぽうで、明治維新は有能な若者たちの墓標《ぼひょう》をいくつもつくったことでも知られる。真の偉人は、維新前夜に歴史から姿を消していたのであって、残された者たちの中には、新政府誕生後、派閥《はばつ》争いに奔走《ほんそう》し、私利私欲に走る者も少なくなかった。

幕末の京都にあって、確実な日本の未来像を設計していた坂本龍馬《りょうま》は、徳川慶《よし》喜《のぶ》の英邁《えいまい》を信じ、慶喜を中心とする新政権を目論《もくろ》んだ。

坂本龍馬が暗殺されたのは、おそらくこのためであろう。百年以上にもわたって真犯人がつかめなかったのは、新政府側の誰かが刺客《しかく》を放っていたからにほかなるまい。そしておそらくそれは、武力によって幕府を倒すことを目標にしていた薩摩藩であった疑いが強い（すでに、そう考えることが一般的になってきているのではあるまいか）。

極論すれば、明治維新は理想に燃えた若者たちの夢を食い尽くし、現実を泳ぎ回るのに巧みな小人物たちだけが残り、彼らが浅知恵で急ごしらえした改革事業ということができる。その結果、多くの弊害《へいがい》を後世に残してしまったとはいえないだろうか。派閥がものをいい、官僚がのさばる社会が完成した。

門閥《もんばつ》と派閥の究極は千年近くつづいた京都の朝廷であった。藤原氏の末裔《まつえい》の「貴族」たちが、家柄に応じて世襲化された官職を守りつづけていたのである。この悪《あ》しき慣習が、明治政府に悪影響を与えた可能性も否定できない。

また、あまりに急激な西洋文明の摂取が、日本人の心を確実にむしばんでいった。そしてこの弊害は、今日にいたっても残っているのである。

大化改新も、まさに明治維新と似たところがある。のちに詳述するように、乙巳《いっし》の変《へん》にはじまる要人暗殺は、多くの優秀な人間を巻き込んでいた。孝徳《こうとく》天皇にいたっては、ブレーンの僧の危篤《きとく》を見舞い、「もしあなたが亡くなってしまうのなら、私ももうこの世に未練はない」といい放っている。これは、人材の枯渇《こかつ》によって、改革事業が頓挫《とんざ》してしまったことを意味していた。

いったい、大化改新とはなんだったのか。

西暦六四五年に起きた大化改新が、古代最大の行政改革であったとわれわれは信じてきた。

天皇家をないがしろにした蘇我入鹿《そがのいるか》を暗殺した中大兄皇子《なかのおおえのみこ》や中臣鎌足《なかとみのかまたり》の手によって、古代の日本に夜明けがやってきた。そういうイメージが強烈に焼き付いているはずだ。

もちろん、それは学校の先生たちが大真面目に教え込んだ結果にほかならないのだが、このような単純な図式をこれまで誰も疑わなかったこと自体が、どのような古代史の謎《なぞ》よりも奇怪な「古代史最大の謎」といってみたくなる。

大化改新の「大化」が「大きく化《ば》けた」なら、いったい何がどのように化けてしまったのか。それはたんに「変化」「改革」を意味するのか、あるいは為政者《いせいしゃ》たちにとって都合の悪い経緯《いきさつ》はうやむやにされ、重大な秘密が隠匿《いんとく》されてしまったとでもいうのであろうか。「大きく化けた改新」とは、興味をそそられる命名ではないか。

◇どうしても解けない大化改新をめぐる謎

これまで指摘されてこなかったが、大化改新《たいかのかいしん》には、どう考えても解けぬ不可解な現象がある。

飛鳥板蓋宮大極殿《あすかいたぶきのみやだいごくでん》で蘇我入鹿《そがのいるか》を暗殺した新政権は、その半年後、都を難波《なにわ》に遷《うつ》している。

これが怪しい。疑問の声が出ないことも不審《ふしん》きわまりない。なぜクーデターによって打ち立てられた政権が、まだほとぼりもさめやらぬ同じ年に、難波に遷都《せんと》する必要があったのだろう。

三世紀のヤマト建国以来、奈良盆地が都に選ばれつづけたのは、それなりのわけがあってのことだ。

理屈で考える前に、地図を開いてみると、ヤマトの特殊性というものが一目瞭然のはずだ。

伝飛鳥板蓋宮跡　入鹿の暗殺が行なわれた皇極天皇の宮跡(明日香村)

長い間、古代日本の物流と政治は、西日本を中心に回っていた。これは、当時の先進文化が中国や朝鮮半島からもたらされたことと無縁ではない。そして、瀬戸内海というハイウェイが、国内の流通・情報の要《かなめ》となっていた。激しい潮の満ち引きが、船を進める「エンジン」の代わりになり、しかも、安全に航海ができる内海であったという点からも、古代日本の発展を、瀬戸内海抜きに考えることはできない。

では、その大動脈を押さえるには、どうすればいいのか。

瀬戸内海を制するために必要な拠点はどこだろう。

まず玄界灘《げんかいなだ》から瀬戸内海に通じる下関付近とその対岸の門司《もじ》とを押さえなければな

るまい。余談ながら、この門司付近には「昔、天照大神《あまてらすおおみかみ》の都があったから京都という地名が残っている」とする『豊前国風土記《ぶぜんのくにふどき》』逸文《いつぶん》の記事がある。ほとんど注目されていないが、瀬戸内海の「制海権」という意味では、なかなか侮《あなど》れない記述である。

それはともかく、入り口を押さえたら、次は通路の確保が必要となる。天皇家と対等に渡り合おうとした吉備《きび》の一帯は、おそらく瀬戸内海の流通と深く結びついて発展したのだろう。さらに、海のハイウェイを走り抜けた先が「難波」である。

じつをいうと、流通・情報の利という点に関していえば、難波は群を抜いていた。したがって、大化改新ののちの難波遷都の意図は分かるのである。しかし、いっぽうで、難波ではどうしても補えない欠点があった。それは、海からの敵に対処できないことである。

そこで目をつけられたのが、奈良盆地だった。晴れた日には瀬戸内海を一望のもとに見渡せる葛城《かつらぎ》山系と生駒《いこま》山系に守られた奈良盆地こそ、都にふさわしかった。この鉄壁の「西に対する防御性」こそ、都にふさわしい最大の条件だったのだ。しかもヤマトは北陸や東国とも通じている。勢力圏を東国にも広げた畿内《きない》の政権にとって、この利点も見逃せなかったであろう。

奈良盆地の地勢上の条件を心得たうえで、一つ奇怪な事実に注目していただきた

奈良県高取町から望む葛城山　古代日本を代表する反骨の山

い。それは古代のヤマトにおける、豪族の勢力分布、である。

　問題はヤマト盆地の南部から西部にかけて、葛城氏・平群《へぐり》氏といった蘇我系氏族が盆地に向かってにらみをきかせているばかりか、葛城山系から生駒山という、難波から攻め上る「敵」を塞《ふさ》ぐように陣取っている点にある。

　もし仮に、乙巳《いっし》の変《へん》で蘇我《そが》本宗家《ほんそうけ》が滅亡したとしても、ヤマト朝廷がおいそれと難波に遷都することはできない状況であったにちがいないのだ。蘇我入鹿や蝦夷《えみし》が滅んだとしても、「難波」を選ぶことは愚《ぐ》の骨頂《こっちょう》、最悪の選択ということになる。

　葛城周辺に生き残った蘇我系豪族が反旗《はんき》を翻《ひるがえ》したら、難波から東のヤマトを仰ぎ見る朝廷に、とても勝ち目はない。一か八かのクーデターで薄氷《はくひょう》の勝利を収めたばかりの政権が、こんなに危険な場所を選ぶはずがなかったのだ。もし仮に蘇我系豪族の圧力から逃れるためにクーデター政権が都をつくるとすれば、ヤマトの盆地の中でなければならなかった。蘇我氏の強固な地盤であるヤマトの西南部を避け、現在の奈良市付近へ遷都するのがもっとも無難な選択だった（後年、反蘇我派の中《なか》臣鎌足《とみのかまたり》の子・藤原不比等《ふじわらのふひと》はそうしている）。

しかし、現実に朝廷は難波に遷都しているのだから、ここに大きな疑問が浮かんでこなくてはおかしい。

ちなみに、難波に本格的に進出した天皇が、七世紀以前に実在した。第十五代応《おう》神《じん》天皇とその第四子・第十六代仁徳《にんとく》天皇がそれで、おそらく五世紀の人物であろう。そして、王都がヤマトから難波に移ったことについて、王朝交替があったからとする根強い説がある。

しかし、これはおかしい。まず第一に、三世紀以来のヤマト朝廷の象徴である「前方後円墳《ぜんぽうこうえんふん》」という埋葬文化を応神・仁徳天皇は破壊せず、守り抜くばかりか、これを発展させている。そして、何よりも、前政権を滅ぼした「新王朝」が、奈良盆地を捨てて難波に移ったとはとても考えられない。その理由はすでに述べたとおりである。つまり、応神・仁徳天皇の「難波重視・遷都」は、「王朝交替の証《あかし》」などではなく、「王朝安定化の証」にほかならないのである。奈良盆地から離れても脅威となる敵が存在しなくなったからこそ、安心して難波に都を置けたのである。

◇改新政府が難波遷都を焦った理由

では、なぜ大化改新《たいかのかいしん》政府は、「焦《あせ》って」難波《なにわ》への遷都《せんと》を強行する必要があったのだろうか。また、なぜ遷都できたのであろうか。

想定できる理由は二つある。

一つは蘇我入鹿《そがのいるか》に代表される蘇我本宗家《そがほんそうけ》の暴走に、他の蘇我系豪族も嫌気がさしていた、ということである。

『日本書紀』に従えば、蘇我入鹿の従兄弟《いとこ》の蘇我倉山田石川麻呂《そがのくらやまだいしかわのまろ》は入鹿暗殺の片棒をかついでいたという。もしこれが本当なら、蘇我本宗家がすでに孤立していた可能性が出てくる。また、時代は下って八世紀の末、藤原仲麻呂《ふじわらのなかまろ》（恵美押勝《えみのおしかつ》）が独裁制を敷き、ついには身内の藤原氏にも愛想を尽かされて滅亡している例もあるところから、同じ蘇我系豪族といっても、蘇我本宗家の滅亡を願っていた可能性すらある。他の蘇我系豪族が新政権に加勢した疑いも大いにあり得るわけである。

しかし、仮にそうであったとしても、新政権がそうやすやすと蘇我系豪族を信用したであろうか。彼らを試すのに、半年は短すぎる。判断を誤れば、「葛城山《かつらぎ》と生駒山《いこま》」を敵に回し、新政権は一気に瓦解《がかい》していたであろう。それほどのリスクを背負ってまで難波に遷都する必要はどこにもなかったはずだ。

それに、この後徐々に触れていくように、大化改新の首謀者・中大兄皇子《なかのおおえのみこ》は、一般に信じられているほど人気が高かったわけではなさそうである。住んでいた宮が幾たびも不審火《ふしんび》に包まれるなどの災難から察するに、敵が少なくなかったし、民衆に嫌われていた様子すら漂う。

人気のない指導者に限って猜疑心《さいぎしん》は強いものだ。事実、中大兄皇子は後年、乙巳の変で味方についたはずの蘇我倉山田石川麻呂を、謀略によって滅亡に追い込んでいる。中大兄皇子が「蘇我」を信じていなかった何よりの証拠であろう。その中大兄皇子が、難波遷都を望んでいたとはとても考えられるものではない。

したがって、第一の推理は、まず潰《つい》える。

そこで、もう一つのシナリオが登場する。

問題は、大化改新の後、即位した孝徳《こうとく》天皇の「立場」である。

もし孝徳天皇が蘇我入鹿とつながっていたとしたら……と仮定してみよう。つまり、孝徳天皇が親蘇我派の天皇であったとしたらどうだろう。難波遷都は、すでに蘇我入鹿の時代に画定《かくてい》済みだった、ということである。

その証拠に『日本書紀』には、孝徳天皇が都を難波に遷《うつ》したとき、老人たちが、「春から夏にかけてネズミが難波に向かっていたのは、都を遷す兆《きざ》しだった」と話し合っていたという。

この年の春から夏という時期は、乙巳の変の直前なのである。とするならば、孝徳天皇は、蘇我入鹿の遺志を引き継ぐために難波遷都を強行した、とは考えられないだろうか。すなわち、中大兄皇子や中臣鎌足《なかとみのかまたり》の入鹿暗殺は、「蘇我政権」の要人暗殺にほかならなかったにしても、政権そのものを倒すにはいたらなかった、という仮説である。そう考えれば、孝徳天皇は「葛城山と生駒山の蘇我」を恐れることなく、難波遷都が可能となる。

◇中大兄皇子の気になる立場

中大兄皇子《なかのおおえのみこ》の「立場」も気になる。『日本書紀』には、第三十四代舒明《じょめい》天皇の崩《ほう》御《ぎょ》後の殯《もがり》に際し、「東宮《もうけのきみ》開別皇子《ひらかすわけのみこ》、年十六にして誄《しのびごと》したまふ」とある。

すなわち、ここにある開別皇子は舒明天皇の子・中大兄皇子を指していて、この

山背大兄王画像

段階でこの人物がすでに「東宮《とうぐう》＝皇太子《こうたいし》」にのぼりつめていた、とする。皇太子という地位はこのころ確立していなかったともいわれるが、『日本書紀』の言い分は、要するにこのとき、中大兄皇子こそが、最有力の次期皇位継承候補だった、ということであろう。

ところが舒明天皇の後を受けて即位したのは、舒明天皇の皇后で中大兄皇子の母に当たる皇極《こうぎょく》天皇だったと、『日本書紀』はいう。なぜ中大兄皇子が即位できなかったのか、皇位継承をめぐるいざこざはなかったのか、『日本書紀』は沈黙を守っている。蘇我氏が中大兄皇子の即位を阻止したというのだろうか。

通説は、次のように説明する。このとき中大兄皇子には山背大兄王《やましろのおおえのおう》という蘇我系の有力なライバルがいて、二人の権力闘争を抑止するために、皇極女帝を立てたのではないか、というのである。これが、いわゆる中継ぎ女帝論というものだ。

しかし、どうにも納得できない。

飛ぶ鳥を落とす勢いであった蘇我氏を滅亡に追い込む、という乙巳《いっし》の変《へん》の中大兄皇子の行動は、血気盛んな性格をよく示している。その中大兄皇子が父・舒明天皇の死後、東宮・皇太子として誄《しのびごと》を奉《たてまつ》っておきながら、即位できないことを甘んじて受け入れることがはたしてできただろうか。いや、そうではなく、反蘇我派の急先鋒《きゅうせんぽう》である中大兄皇子が、蘇我氏全盛の舒明天皇の時代、最有力の皇位継承候補として名があがっていたとする『日本書紀』の記述自体に無理があるのではあるまいか。

乙巳の変ののち、皇極天皇は皇位を中大兄皇子に譲る、という詔《みことのり》を出す。ところが、ここで中大兄皇子の忠臣・中臣鎌足《なかとみのかまたり》が次のような意見をする。

藤原鎌足画像　談山神社蔵

「あなた様には古人大兄皇子《ふるひとのおおえのみこ》という兄（舒明天皇と蘇我系の女人から生まれた）、そして、軽皇子《かるのみこ》（このあと即位する孝徳《こうとく》天皇）という叔父がおられます。もしこの状態で即位されたら、年下としての道義を外すことになりましょう。ですから、しばらく叔父の軽皇子を立てて、人々（民）の望みを叶えたほうが得策にございます」

この中臣鎌足の進言を受け入れ、中大兄皇子は叔父の軽皇子に皇位を譲る。

それにしても不可解である。儒教《じゅきょう》的な精神で皇位を断念した中大兄皇子というの図式がここに示されているが、すでに立太子《りったいし》している人間が即位できないというのも奇妙な話である。また、「人々、民の望み」が「英雄・中大兄皇子」の即位ではなく、乙巳の変の部外者であった孝徳天皇の誕生にあったという中臣鎌足の話もひっかかる。

民衆が中大兄皇子ではなく、軽皇子の即位を願っていたのは、中臣鎌足のいうように、「年功序列」を願っていたからではなく、軽皇子こそが、蘇我氏の遺志を引き継ぐ者として、人々の信頼を勝ち取っていたからではなかったか。ここにある「民」とは、一般民衆だけではなく、畿内《きない》の諸豪族も含まれていただろう。その意思に反して、中大兄皇子が即位することは無謀だ、と中臣鎌足はいっているのであって、裏返せば、中大兄皇子の蘇我入鹿暗殺自体、「民」「豪族」の望むところではなかったという疑いさえ出てくるのである。

このように、「難波遷都」や「中大兄皇子」については、まだまだ解き明かされていない、いくつもの謎《なぞ》が隠されているのである。

◇ヤマトと律令の歴史

それにしても、「大化改新《たいかのかいしん》」がこれだけの「根本的な矛盾《むじゅん》」を抱えているにもかかわらず、なぜ通説はこれらを見逃してきたのだろう。

そこで改めて、ヤマトと律令《りつりょう》の歴史について考えてみよう。

「大化改新」とは要するに律令制度導入のための「革命」だった。そこでまず、なぜ七世紀に新たな法制度を必要としたのか、根本的な理由を知っておく必要がある。

さて、近年の考古学の進展によって、ヤマト建国は三世紀前半にまで遡《さかのぼ》る可能性が高まってきて、邪馬台国《やまたいこく》の時代と重なることに注目が集まっている。それも大切なことなのだが、前方後円墳《ぜんぽうこうえんふん》の成立過程がはっきりしてきたことによって、ヤマト朝廷発足時のヤマトの大王《おおきみ》がいかなる存在なのかが確かめられたことが大きな意味をもっている。

というのも、巨大な姿を誇る前方後円墳が、大王の権力の大きさを象徴しているのではなく、むしろ逆の意味をもっていたことが分かってきたからである。ヤマトに前方後円墳が登場する以前の弥生《やよい》時代後期、ヤマトには方形周溝墓《ほうけいしゅうこうぼ》という、前方後円墳とは比較にならないみすぼらしい墓制《ぼせい》があるだけだった。そのいっぽう、吉備《きび》や出雲《いずも》といった西日本の各地には、前方後円墳の原型となる墳丘墓《ふんきゅうぼ》が次々に誕生していった。そして、これらの墳丘墓の上で、首長霊《しゅちょうれい》を祀《まつ》る儀式が行なわれた。

要するに各地にさまざまな形式の墳丘墓が出現したということは、成長した地方豪族層が、独自の宗教観によって祭祀《さいし》を執《と》り行ない、首長権を継承し、部族の結束を強め、地域支配の正当性を獲得していった時代ともいえる。

そして三世紀に入ると、出雲の四隅突出型墳丘墓《よすみとつしゅつがたふんきゅうぼ》の三味線《しゃみせん》のばちのような出っ張りや、吉備の特殊器台型土器《とくしゅきだいがたどき》、最後に北部九州の豪奢《ごうしゃ》な副葬品《ふくそうひん》といった埋葬《まいそう》文化が畿内《きない》に伝えられ、これらを習合《しゅうごう》させる形でヤマトに前方後円墳が誕生したのである。

この前方後円墳こそが、ヤマト朝廷誕生のモニュメントと考えられているのはなぜだろう。それは、異なった宗教観・祭祀形態を一つにまとめることで、政治的にも各首長層が手を組んだと考えられるからである。とするならば、「ヤマト」とは、要するに地方の首長たちの手で組み立てられた「連合体」であったことが分かる。すなわち、大王《おおきみ》（天皇の称号は、七世紀に入ってから使われたと考えられる）一人の手に絶大な権力が集中したものではなかったことになる。

そして、四世紀後半になると「ヤマト」の象徴である前方後円墳が東北地方南部にまで広がりを見せるようになるのだが、だからといって、「ヤマト」が東国を支配するにいたったかというと、それはあり得ない。緩《ゆる》やかな連合体の中に東国が参加した、といったほうが正確であろう。

四世紀、地方の首長層の「霊力」を高めるための鏡や碧玉《へきぎょく》などの呪具《じゅぐ》・宝器《ほうき》がヤマトから分配され、「臣従《しんじゅう》関係」が確立されていったことは確かである。しかしそれは直接の支配を意味していたわけではない。

◇部民制とは何か

五世紀に入ると、少し事情が変わってくる。

すでに触れた第十五代応神《おうじん》天皇は、おおよそ四世紀後半から五世紀初めにかけての実在の天皇と考えられている。

この当時、朝鮮半島では、北方の騎馬民族である高句麗《こうくり》の南下によって、新羅《しらぎ》・

百済《くだら》・伽耶《かや》の三国が圧迫されていた。そのため百済や新羅は日本に人質として王子を送り込み、軍事的支援を求めたので、朝鮮半島では日本の地位は相対的に高くなろうとしていたのである。

倭国《わこく》王は積極的に朝鮮半島に軍事介入し、高句麗の広開土王《こうかいどおう》（好太王《こうたいおう》）碑文《ひぶん》にその活躍が記録されるにいたる。そこで倭王はその成果を中国側に認めてもらおうと、積極的に称号を得るために奔走《ほんそう》している。いわゆる「倭の五王」も、この時代の話である。

また、戦乱の朝鮮半島から多くの亡命者を受け入れるようになったため、自然とそれらから刺激を受け、多くの先進文化が浸透するとともに、社会システムも変貌していくことになった。

たとえば、「部民《べみん》」もその一つだ。

「部民」の原型は「伴《とも》」である。王に近侍《きんじ》し、庶務《しょむ》をこなす世襲《せしゅう》的職業集団を「〜伴」と呼び慣わしていた。その「伴」が、五世紀に入り百済からの帰化人《きか》（史部《ふひとべ》）の手で、大きく発展させられる。彼らは百済の行政組織を日本にもち込み、「部」の制度を定着させたので、「伴」は「部」の制度に吸収されたと考えられている。ちなみに、このような職能《しょくのう》集団には、「錦織部《にしきおりべ》・鍛冶部《かぬちべ》・鞍作部《くらつくりべ》・馬飼部《うまかいべ》」

などがあり、これを支配していたのが伴造《とものみやつこ》である。

また、「部」には、このあと触れるように、「刑部《おさかべ》・小長谷部《おはつせべ》・白髪部《しらかべ》」といった王家の宮の名をとった皇族私有民の「名代《なしろ》・子代《こしろ》」、さらには、氏族名をつけた「大伴部《おおともべ》・蘇我部《そがべ》」という豪族の私有民「部曲《かきべ》」がある。

このように、部民の成立には、帰化人の活躍が大いにかかわっていて、『日本書紀』雄略《ゆうりゃく》天皇十六年十月の条《じょう》には、「漢部《あやべ》を集めて伴造のものを定めよ」とある。

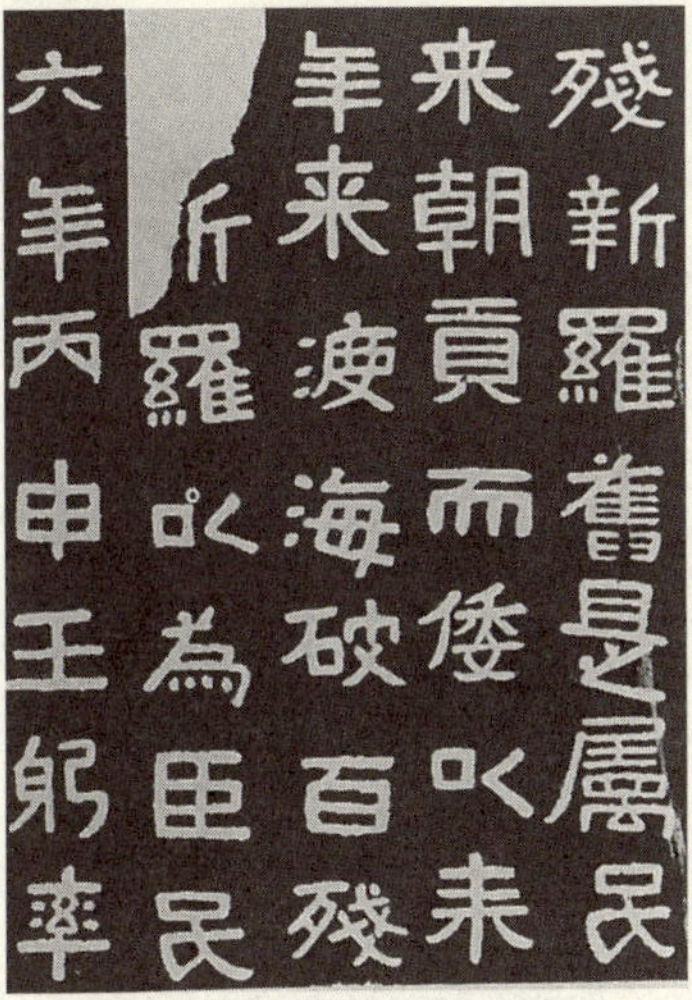

広開土王（好太王）の碑文（拓本）

これは東漢《やまとのあや》氏を部の管理者（いわゆる伴造）に指名し「直姓《あたいのかばね》」が与えられたときの記事で、東漢氏は、応神《おうじん》天皇二十年九月に東《やまとの》漢直《あやのあたい》の祖・阿知使主《あちのおみ》らが十七の県《あがた》の人々を率いて渡来した氏族であったという。

これらの渡来人はさまざまな技術集団を抱えており、彼らが労役を担い、生産物を貢納《こうのう》するという、「部民」の原型となっていったのである。その部民を統率するのが「氏《うじ》（氏族）」という構成単位で、強固な政治組織を形づくっていた。いわゆる「氏姓《しせい》制度」と呼ばれるもので、「大化《たいか》前代」の六世紀にほぼ完成するにいたった社会制度である。

有力な家の頂点に立つ氏上《うじのかみ》（首長）が血縁関係で結ばれた者や、血縁関係のない者たち（氏人《うじびと》）を統率し、氏神《うじがみ》の祭祀を執《と》り行ない、一族を代表して朝政《みかどのまつりごと》に参画し、朝廷からは姓《かばね》を与えられた。「物部連《もののべのむらじ》」の「連」、「蘇我臣《そがのおみ》」の「臣」が姓に当たり、姓は世襲される「公的地位」を表わした。

五世紀以前からつづく古い家柄の氏上に与えられた姓には「臣・連・公《きみ》（君《きみ》）」があって、それなりの意味をもっている。

「臣」はヤマトを本貫《ほんがん》とする「皇別氏族《こうべつしぞく》」に与えられた。天皇家（大王家）から分かれた氏族で、当然のことながら、皇室と婚姻関係で結びつきやすかった。「連」は「村（ムラ）主（ジ）」が語源とされ、朝廷に労役、生産物の貢納をもって仕える品部《しなべ》を統率した伴造で、彼らは天皇家とは血縁関係のない「神別《しんべつ》氏族」である。

「公」は地方の豪族に与えられた姓だが、彼らが他の首長層と異なるのは、天皇家（大王家）から出ている点だった。

さらに、地方村落の首長には「首《おびと》」、比較的新しい時代に帰化した者たちには「史《ふひと》・村主《すぐり》・薬師《くすし》」といった姓が用いられた。

ところで、職能集団を支配する伴造とは別に、地方の在地豪族が「長官」となって地域を支配し、そこから上がる労働力・収穫物・生産物を中央に納める「国《くにの》造《みやつこ》」がいた。ヤマト建国後から五世紀にかけての「県主《あがたぬし》」を発展させた制度で、支配する面積も広く、また、「県主」にはなかった東国への広がり、という特徴がある。ちなみに、最終的に「国造」は九州から東北地方（宮城県）南部にまで広がりを見せることになる。また、大化改新《たいかのかいしん》によって役目を終えたとされている。

「国造」は、出雲臣《いずものおみ》や尾張連《おわりのむらじ》といったように、多くの場合、その地域の名を負い、姓は「臣・連・君・公・直《あたい》・造」などを称した。またその中でも、「臣・公・君」の姓をもつ「国造」は「直・造」と比べて強い独立性・在地性をもち、たびたびヤマト朝廷に反旗《はんき》を翻《ひるがえ》したことでも知られる。吉備臣《きびのおみ》や磐井君《いわいのきみ》がその代表例だ。

歴史の授業で習ってうろ覚えになっている「屯倉《みやけ》」も、この「国造」と深くかかわっている。「屯倉」とは要するに天皇家の直轄領《ちょっかつりょう》なのだが、もともとは、地方長官である「国造」から天皇家に献上され、「国造」が管理し、この収穫を、天皇家に納めていたものだ。

◇部民を私有していた豪族層

さて、朝廷から部民《べみん》にいたる支配の構図は、先に述べたとおりである。ちなみに、ここにある「名代《なしろ》・子代《こしろ》」とは、豪族ではなく、天皇や后妃《こうひ》・皇子《みこ》といった皇族の支配する「部民」を指していて、皇族の日常生活を支える目的で、五世紀から六世紀末にかけて設けられた。

「名代」は宮の名に「部」、「子代」は皇族の名に「部」をつける。たとえば子代の場合、垂仁《すいにん》天皇の皇子・誉津別命《ほむつわけのみこと》の「品遅部《ほむちべ》」、景行《けいこう》天皇皇子・日本武尊《やまとたけるのみこと》の「武部《たけるべ》」、といった具合。また、名代は、欽明《きんめい》天皇の磯城嶋金刺宮《しきしまのかなさしのみや》の「金刺部《かなさしべ》」、敏達《びたつ》天皇の訳語田幸玉宮《おさだのさきたまのみや》の「他田部《おさだべ》」などがあげられる。

ところで、このような図式を見ると、朝廷の支配が日本の隅々にまで行き届いていたのではないかという錯覚を起こすが、実態は必ずしもそうではなかった。在地の首長層・豪族層は、長い地域支配の歴史をもち、それぞれが独自のやり方で、権力を握っていたというべきであった。

たとえば、「部曲《かきべ》」という存在がある。「部曲」は建て前上は王族の支配下にある「王民」なのだが、それぞれの豪族が王権に奉仕する見返りに「部曲」の私有を許されたところに本質がある。このような地方豪族の「力の源」は、大化改新《たいかのかいしん》に際してもなかなか解消されることはなかったのである。

また、「氏」をもたない農民もあまたいて、これは、氏姓《しせい》制度に組み込まれてはいなかった。このように、氏上《うじのかみ》を頂点とする支配体制の枠の外にいた人々の存在も確認できるのである。

ただ、三世紀のヤマト建国以来、着々と支配体制が強化されていったことは確かで、また、五世紀の倭《わ》の五王が朝鮮半島に軍事介入し、名を馳《は》せたことも手伝って、本来権力をもたなかった大王《おおきみ》（天皇）が、しだいに力をつけていったのである。

そのいっぽうで、泥沼化する朝鮮半島情勢にのめり込みすぎたばかりに、逆にヤマト朝廷は混乱し、国力を落とす、という皮肉が起きていく。五世紀から六世紀にかけてのヤマトでは、王位継承を巡る皇族・豪族による果てしない抗争が繰り広げられていったのである。

六世紀から七世紀にかけての詳細な歴史の流れは次章で改めて触れるが、ここで「制度史」そのものにこれだけこだわるのは、なぜ七世紀に大化改新が起きたのか。その最大の理由が社会システムの変遷から起きたと信じられているためである。

◇律令導入へのステップとなった天皇の直轄領・屯倉制

六世紀に、ヤマト朝廷の発展に寄与した大きな画期が訪れている。それが「屯倉《みやけ》」の登場であった。

これまで述べてきたような五世紀の「部民制《べみんせい》」には一つの限界があった。というのも、「部民」は王家の民だが、しかしあくまで実態は地方の豪族の配下に収まっていたのであって、ヤマトの王家が直接支配していたわけではなかったからである。

「部《べ》」には「子代《こしろ》・名代《なしろ》」「品部《しなべ》」「部曲《かきべ》」の三つがあるが、子代・名代はともかく、大王《おおきみ》に従属し奉仕をする「品部」は、豪族の私有民「部曲」と重複していたものであった。ここに、部民制の構造的な欠陥が隠されていたのである。

これはどういうことかというと、すでに触れたように、各々《おのおの》の豪族たちは、支配下に「部曲」をもっていた。「部曲」は、王権に従属することを約束した豪族に所有が許された私有民であったが、大王に奉仕をする役目を負った「品部」とは、要するに、彼ら「部曲」の、もう一つの属性にすぎなかったのである。

つまり、一見して「部曲」とは違って、「品部」は大王直系の支配下に置かれているように見えて、じつのところは、豪族の私有民にほかならなかったわけである。したがって、このような「緩《ゆる》やかな支配体制」がつづく限り、「中央」の権力は強くはなれなかった、ということになる。

そして、これを補うために六世紀に登場するのが大王家の直轄領《ちよっかつりょう》「屯倉」であった。

「屯倉」は、奈良盆地の天皇家の発祥《はっしょう》の地、もとの城上《しきのかみ》・城下《しきのしも》・十市《とおち》郡（三輪《みわ》山周辺）に存在した「屯田《みた》（御田《みた》）」に端《たん》を発している。仁徳《にんとく》天皇即位前紀の説話に従えば、垂仁《すいにん》天皇が太子（のちの景行《けいこう》天皇）に命じてつくらせたといい、また『古事《こじ》記《き》』には、景行天皇の時代に設けられたとあるが、ヤマト朝廷誕生の地・纒向《まきむく》遺跡周辺に初期の屯田が営まれたわけで、その歴史は古かったはずである。

ちなみに、明治時代、北海道の警備と開拓に従事した「屯田兵《とんでんへい》」の「屯田」は、このような天皇家の直轄領がルーツだったのである。

それはともかく、この「屯田」が「屯倉」となり、いわば全国展開していくようになる。なぜ「屯田」が「屯倉」と呼ばれるようになったかというと、「屯田」を管理するための立派な建物＝御宅《みやけ》が付随したからであろうと考えられている。そして、『日本書紀』の記述に従えば、継体《けいたい》天皇の子・安閑《あんかん》天皇の時代に、「屯倉」が次々に設置されていくのである。

部民制から屯倉制への移り変わりによって、王家は安定した収入が得られるようになった。さらに「一豪族」にすぎなかった大王家が、頭一つ飛び出したといえようか。それまでは地方豪族の私有する部民から労働力と貢納品《こうのうひん》を手に入れていたのが、直接民を支配し、自《みず》らの裁量で経営することが可能となったわけである。そして、こののちの律令制《りつりようせい》の整備の前段階として、屯倉制は大きなステップになったのだ。

また、すでに触れたように、地方官豪族「国造《くにのみやつこ》」は五世紀から六世紀にかけて制度化されるが、「国造」の仕事の一つが、「屯倉」の管理だった。

ところで、「屯倉」を各地に展開するということは、豪族層の協力、土地の提供を前提としなければならなかった。当然、少なからず抵抗を受けたにちがいない。そこで、というわけではないだろうが、朝廷は豪族層の隙をついては、巧みに土地を奪い取っていったようである。

象徴的なのは、継体二十二年（五二八）に北部九州で起きた磐井《いわい》の乱で、乱の後、乱の首謀者・筑紫君磐井《つくしのきみいわい》の子・葛子《くずこ》は、殺された父に連座《れんざ》するのを避けようと、糟屋屯倉《かすやみやけ》（現在の福岡県糟屋郡）を献上した、と記されている。

岩戸山古墳　磐井の墓と伝えられる(福岡県八女郡)

『日本書紀』安閑《あんかん》天皇元年夏四月の条《じょう》には、上総《かずさ》の伊甚《いじみ》（現在の千葉県夷隅《いすみ》郡）の国造に「珠《たま》」の提出を朝廷が求めたところ、なかなか応じず、またこの国造が皇后に対して不敬な行ないをしたとある。しかし、こののち伊甚の国造は許しを請うために、屯倉を献上したという。

豪族の手から土地を奪うためにヤマトの大王家があらゆる手段を駆使していたことは、このような例を見ても明らかであろう。

そして、ここで一つ付け加えておきたいのは、次のような意外な事実である。すなわち、大王家の直轄領「屯倉」の設置にきわめて重要な働きを示したのが蘇我《そが》氏だった、という点である。つまり、律令《りつりょう》制度導入の直前、王権強化のための律令への方向性という点に関しては、蘇我氏がまず先鞭《せんべん》をつけ、これを聖徳太子が継承したのである。このことが何を意味しているのかについては、のちに改めて述べよう。

◇聖徳太子が導入を急いだ律令制度

さて、こうして六世紀にいたると、「無力」という言葉が当てはまっていたヤマトの大王家にも、ようやく「求心力」というものが育ちつつあったといえよう。そして、七世紀に入ると、聖徳太子が登場するのである。

いったい、聖徳太子の業績とはいかなるものであったのか。それは律令《りつりょう》制度整備への意志を鮮明にし、「天皇権力の確立」の基礎を築いた、とするのが一般的な解釈といっていい。

律令制度は、中国大陸に誕生した統一国家、隋《ずい》・唐《とう》で完成され明文化された法秩序だが、これを見習い、日本的な法制度の実現を目指したのが聖徳太子、ということになる。そして、日本の律令制度の場合、部民制《べみんせい》・屯倉制《みやけせい》からの脱却が大きな意味をもっていたのである。

これはどういうことかというと、部民制を克服する手段として屯倉制が拡張されていったが、それでも「王家の支配力」が限定的なものであったことには変わりはなかった。すべての豪族の土地を「屯倉」にするわけにはいかず、部民制を残したことで、中央からの支配は間接的なものでしかなかったのである。

そこで、私地私民《しちしみん》から公地公民《こうちこうみん》へ、という土地制度が必要となってくる。各地の豪族が所有・私有する土地をすべて「王土《おうど》」として吸収し、改めて農民に分配することができれば、権力は中央政府に集中する。ただそうはいっても、「既得権《きとくけん》」としての所有地を、豪族がすんなり提出するはずもなかった。そのため、公地公民制をいかに認めさせるかが、律令整備最大の課題となっていくのである。したがって、「土地政策」は、長い年月をかけてしだいに浸透させていかざるを得なかったのだろう。そのため、私地私民を廃止した大化改新《たいかのかいしん》（六四五）、公地公民を確定した大宝律令《たいほうりつりょう》（七〇一）という経過をたどるのである。

では、豪族の所有する土地を、混乱なく「王土」にすり替えてしまうような「魔法」はあったのだろうか。

そこで大きな意味をもってくる政策を、聖徳太子が始めている。それが、推古《すいこ》十一年（六〇三）に制定された冠位十二階《かんいじゅうにかい》だったのである。

冠位十二階といえば、仁・礼・信・義・智の五つの徳目を冠名とし、さらにその最上位に「徳」の冠名を加え、それぞれを「大・小」二段階に分け十二階としたものとして知られる。冠位ごとに色の違う「冠」をかぶらせ、新しい階級制度を整えたのである。

それまでのヤマト朝廷の支配システムでは、世襲化《せしゅうか》された一部の豪族層が政権を牛耳《ぎゅうじ》っていた。このため柔軟性と活気を失いつつあった。それはまるで、世襲議員や官僚出身の国会議員が「族議員」となって利権を奪い合う、今日的状況とそっくりである。

◇公地公民への方便としての冠位十二階

旧態依然《きゅうたいいぜん》としたシステムを活性化させるために、冠位十二階《かんいじゅうにかい》が編み出されたといっても過言ではあるまい。そこでは、伝統の重みよりも実力が重視され、土地所有の大小によって発言力に差が出るという悪弊《あくへい》も、断ち切られようとしたのである。

注目すべきは、このようなシステムが、こののち展開される「公地公民制《こうちこうみんせい》」に向けての一つの足がかりになったことである。

広大な土地を占有する豪族層が、「力」の基盤である土地を手放す代償には、「役職」「冠位」というものが必要だった。官僚機構を整備し、この枠組みの中に豪族たちを押し込むことで、新たな支配体制を確立し、豪族たちの不平不満を和《やわ》らげる必要があったわけである。

憲法十七条も、このような「公地公民」をにらんだ意図に満ちている。

たとえば、第三条には、次のようにある。

平等寺境内の聖徳太子像（奈良県桜井市）

「詔《みことのり》を承《うけたまは》りては必《かなら》ず謹《つつし》め。君《きみ》をば天《あめ》とす。臣《やつこらま》をば地《つち》とす。（中略）上行《かみおこな》ふときは下靡《しもなび》く。故《それ》、詔《みことのり》を承りては必ず慎《つつし》め。謹《つつし》まずは自《おの》づからに敗《やぶ》れなむ」

天皇（大王）の詔を受けたならば、必ず従え、従わなければ、自ずから敗れるだろう、というのだ。

さらに十二条には、

「国司《くにのみこともち》・国造《くにのみやつこ》、百姓《おほみたから》を斂《をさめと》ること勿《なか》れ。国に二《ふたり》の君《きみ》なし。民《おほみたから》に両《ふたり》の主無《あるじな》し。率土《くにのうち》の兆民《おほみたから》は、王《きみ》を以《もっ》て主《あるじ》とす（後略）」

つまり、各地に任命された国司・国造は農民の支配者ではない。民を支配するのはあくまで「二人といない」大王（天皇）なのだ、と主張しているのである。

このような憲法十七条が、はたして七世紀に聖徳太子の手で創案されたかというと、疑問視する声もあがっているが（たとえば、「国司」という言葉が登場しているが、このころ、「国司」という官名はまだなかった）、律令《りつりょう》への方向性という点に関しては、当時その「模索」は確かにあったと見るほかはない。推古《すいこ》朝の営みが、大化改新《たいかのかいしん》へとつづく「改革」の過渡期と見なされるゆえんである。官司制《かんしせい》が発達し、天皇の親衛軍の補強なども進められたわけである。

それでは聖徳太子が基礎固めをした律令制度の導入は、その後どういう歩みを見せたのであろうか。ようやく、ここで大化改新が登場してくるのだ。

◇部民制の制度疲労が引き起こした大化改新

乙巳《いっし》の変《へん》という蘇我本宗家《そがほんそうけ》滅亡と大化改新《たいかのかいしん》という行政改革が密接にかかわっていたことは、改めて述べるまでもあるまい。六世紀からつづく蘇我氏の権勢に対する反発と、王権の強化を目的としたクーデターが乙巳の変で、その結果実現した制度改革が大化改新、という考えが、常識として定着しているからだ。

これを制度史的に見れば、ここまで触れてきたように、部民制《べみんせい》の制度疲労がピークに達し、その結果、大豪族蘇我氏が邪魔になったということか。

このあたりの事情は、『日本書紀』に克明に記されている。大化《たいか》九年四月の条《じょう》には、孝徳《こうとく》天皇の詔《みことのり》が次のようにある。

「いにしえより、天皇の代ごとに名代《なしろ》をおいて直轄領《ちょっかつりょう》にしてきたが、それを管理する伴造《とものみやつこ》や国造《くにのみやつこ》らは、自分の部曲《かきべ》をおいて、好き勝手に使っている。また、土地を無断で割《さ》いて自分の財産とし、奪い合いがつづいている。しかもその土地を今度は百姓に売ったかと思うと、その収穫からうわまえをはねている」

としている。そして、今後はこのような横暴は許さないといい、これを聞いた農民たちは喜んだという。

また同様に、大化三年四月の条には、

「民の心は、氏族《しぞく》の利《り》に固執《こしつ》し、他のものと対立した。氏族の帰属意識だけを大切にした」

とある。

つまり、「氏《うじ》」の論理が優先され、氏族間の私利私欲によって争いが絶えず（大化三年四月条）、土地と人民の収奪《しゅうだつ》と搾取《さくしゅ》に奔走《ほんそう》する（大化元年九月条）、という国家にとって忌《い》まわしき事態が起きていたのである。そして、制度改革なしには、流動する国際情勢の中で、生き残るだけの体力もなくなり、さらには有効な政策を打ち出せずに、国際的な発言力も低下するいっぽうとなったのである。このあたりの外交関係は、またのちに詳述する。

この閉塞《へいそく》感を打開するためにはどうすればいいか。その答えを出したのが、中《なかの》大兄皇子《おおえのみこ》と中臣鎌足《なかとみのかまたり》、ということになる。

彼らはまず蘇我氏による「独裁」の体制を崩すことを目標にした。そしてその後、天皇家を中心とする一元化された支配体制を確立しようとしたのである。クーデターの成功、皇極《こうぎょく》天皇の譲位の後、皇極天皇の弟で中大兄皇子から見て叔父に当たる軽皇子《かるのみこ》の即位（孝徳《こうとく》天皇）、中大兄皇子の立太子《りったいし》によって、新たな体制がスタートし、大化改新は実行に移された。

◇大化改新はあった？　なかった？

乙巳《いっし》の変《へん》の翌年の大化《たいか》二年（六四六）の元旦、ついに「改新《かいしん》之詔《のみことのり》」が発布《はっぷ》された。

四カ条からなる詔の内容は、ほぼ次のようなものであった。

①子代《こしろ》・屯倉《みやけ》、臣《おみ》・連《むらじ》・伴造《とものみやつこ》・国造《くにのみやつこ》・村首《むらのおびと》の所有する部曲《かきべ》の民と豪族の田地を廃止し、大夫《まえつきみ》以上のものに食封《じきふ》（朝廷側から豪族に支給される一種の給料）を、それ以下のものにも禄《ろく》（布帛《ふはく》）を与える。

②京師《みやこ》の制度（都と地方支配の制度）を定める。国司《こくし》・郡司《ぐんじ》・防人《さきもり》・駅馬《えきば》・伝馬《てんま》を置き、国境を画定する。

③戸籍《こせき》・計帳《けいちょう》・班田収授《はんでんしゅうじゅ》の法を作る。
④それまでの賦役《ふえき》をやめ、新たな仕組みを作る。

第一条は部民制・屯倉制の廃止をうたい、第二条は、民を各地域ごとに編成し直し、第三条は、班田収授法を定め、民に公平に田を支給し、そこから余剰収穫物を吸収しようというもの。第四条は、租税の統一を意味している。

これらを見る限り、律令制度は大化改新によってほとんど完成したかのような印象を受ける。しかし、この「大化改新の詔」がどこまで史実に忠実なのかについて、長い間論争がつづいてきた。

第一に、詔の内容が、あまりに整いすぎて、改新政府がここまで政策を徹底できたか疑問が残ること、第二に、文面の中に、明らかに後世の「令」から写し取ったとしか考えられないものが含まれていることである。

考古学も、大化改新論争に大きく寄与した。藤原宮跡から出土した「大化改新の詔ののちの時代」の木簡《もっかん》に、大化改新の詔で定められた「郡」ではなく、「郡」に移行する前の「評《こおり》」の文字が見つかり、「郡」は大化改新ではなく、のちの大宝《たいほう》令《りょう》によって定められたことが分かった。

この結果、「大化改新」について、おおまかに見て二通りの考え方が成り立つにいたる。「大化改新の詔」が八世紀の『日本書紀』編纂《へんさん》者の述作《じゅっさく》したものにすぎないとしても、問題は、「詔の原型」があったのかどうか、「ある」「ない」の二つの対立する意見が出現したのである。『日本書紀』の記述どおりではないにしても、もっと荒削りな「詔」が存在し、何かしらの改革が行なわれたのであろうとする考えと、「大化改新の詔」そのものがなかったのだから、大化改新は虚構であった、という考えである。

大化改新は古代律令《りつりょう》制度史の根本であり、議論は精緻《せいち》を極める。したがって、ここでその詳細を掲げるわけにはいかないが、大勢としては、「大化改新の詔」の原型はあって、さらに、『日本書紀』以外の史料を総合した結果、

「新政権が一連の政治改革に着手したことは否定しがたい事実だと考える」（熊《くま》谷公男《がいきみお》『大王から天皇へ』講談社）

とするのが、もっとも有力な説となっている。つまり、部民制・屯倉制からの脱却が六世紀から八世紀につづいたヤマト朝廷の命題であり、大王（天皇）を中心と

する一元的な支配体制を構築するという方向性は、つねに継続しつづけていた、とするのである。

◇大化改新は「制度史」だけでは解き明かせない

さて、こうして五世紀の部民制《べみんせい》、六世紀の屯倉制《みやけせい》、七世紀の大化改新《たいかのかいしん》と、律令《りつりよう》制度にいたる道のりを概観してきたが、ここで大きな疑念を抱かずにはいられない。それは、通説が律令制度史ばかりに気をとられるあまり、歴史の大きな流れを見誤っているのではないか、という一点である。

すでに触れたように、クーデター直後の難波遷都《なにわせんと》も奇怪な事態であり、常識では考えられない。ところがこれまでは「制度史」を中心に歴史を見てきたから、このような疑念も浮かんではこなかったのだ。また、『日本書紀』の乙巳《いっし》の変《へん》の現場で中大兄皇子《なかのおおえのみこ》が、

「蘇我入鹿《そがのいるか》は山背大兄王《やましろのおおえのおう》の一族を滅ぼし、また王位を狙っております。なぜ天《てん》孫《そん》の血統を蘇我入鹿に取って代わられるのを見過ごしておけましょう」

と絶叫したと記録されていることも、見る目を曇らせた原因の一つとなっている。つまり、当時最大の勢力を誇り、実権を握っていた大豪族・蘇我氏を、皇族の中大兄皇子が打ち倒したのが乙巳の変であり、こののち、大化改新政府が「王家」を中心とする政権に成り代わったと考えるのは自然のことかもしれない。

しかし、ヤマト朝廷の「大王家」の成り立ちと、この後に整備される「律令」の本質を見極めるにつけ、「大王家を中心とする大化改新政府が、律令の整備を急いだ」とする『日本書紀』の記述に、大きな矛盾が感じられる。

なぜなら、すでに触れたように、三世紀以来、基本的にヤマトの大王に権力は備わっていなかったし、八世紀に整備を終える「律令」は、天皇に権力を与えない「法制度」だったからである。

つまり、「ヤマト」の歴史は、独裁者を排除する歴史であったといっても過言ではなく、であるならば、大化改新＝「王政復古《おうせいふっこ》」という図式は、長いヤマトの歴史の中で異常な事態であったことが分かる。したがって、『日本書紀』の示したような図式を鵜《う》呑《の》みにすることはできない。

本当に大化改新は『日本書紀』のいうような「天皇家の権力を強めるための改革事業」だったのだろうか。もしそうでないとすると、なぜ八世紀の朝廷は七世紀に遡《さかのぼ》って天皇家の権威を高める必要があったのか、という疑問に行き着くのである。

そして、ここで注目すべき点は、大化改新の立て役者、中臣鎌足《なかとみのかまたり》の子・藤原不比等《ふじわらのふひと》が八世紀にいたり権力の頂点にのぼりつめ、『日本書紀』編纂《へんさん》に大きな発言力をもっていたという事実である。

「藤原氏の始祖」である中臣鎌足の業績を美化することこそ、『日本書紀』最大のテーマであったかもしれない。とするならば、『日本書紀』の描いた大化改新の図式、すなわち「王政復古」のために中臣鎌足が大活躍した、という話は、八世紀にいたり藤原氏が他の豪族を押しのけ、それまでの緩《ゆる》やかな合議制《ごうぎせい》を否定し、単独政権を構築してしまったことの免罪符《めんざいふ》として「天皇」を利用したものではないかと勘《かん》ぐってしまうのである。

このあたりの事情を、もう少し掘り下げてみよう。そのためには、ヤマト建国以来の天皇家の歴史を振り返っておかなくてはならない。

◇天皇家の歴史

『日本書紀』に従えば、ヤマト朝廷の始祖は神武《じんむ》天皇であり、九州日向《ひむか》にいたとき、東の方角に、四方を山に囲まれた都にふさわしい土地のあることを知ったという。『日本書紀』は、このときの「天皇家の歴史」を、次のように記録している。

皇祖神《こうそしん》・ニニギの天孫降臨《てんそんこうりん》から百七十九万年、天皇家の祖神たちは暗いこの世に正しい道を開いたが、まだ西のはずれを治めているだけだった。遠くはるかな土地ではいまだに王の恵みが行き届かず、村ごとに長《おさ》がいて、それぞれが境界をつくって争いが絶えなかったという。ちょうどそのとき、神武天皇はヤマトの存在を知ったのだった。

そこで神武は、軍団を率い日向を出立、瀬戸内海を東進した。このときヤマトにはすでに饒速日命《にぎはやひのみこと》なる人物が舞い降り、土着の首長・長髄彦《ながすねひこ》の妹を娶《めと》って君臨していた。

神武のヤマト入りに抵抗したのは、饒速日命ではなくヤマト土着の長髄彦であった。激しい戦闘に敗れた神武天皇であったが、紀伊《きい》半島を大きく迂回して、熊野《くまの》からのヤマト入りに成功する。そして、饒速日命の子・宇摩志麻遅命《うましまじのみこと》が神武を迎え入れ、王権を禅譲《ぜんじょう》したのだという。

さて、この「神武東征《とうせい》」は史実ではない、とするのが今日的解釈である。『日本書紀』の記述を信じれば、神武天皇は今から二千数百年前の人物ということになり、縄文《じょうもん》時代に突入してしまうこと、さらに、話の内容が神話の域を出ていない

前方後円墳の代表格、応神天皇陵（大阪府羽曳野市）

ことがその理由である。

また逆に、「神武神話」のイメージが、ヤマトは征服された、という歴史観を生みつづけているのも事実である。しかし、ヤマト朝廷が何者かによって何度も征服されたとする説は、もはや説得力をもたないのではあるまいか。

たとえば、中国大陸などからの外来の発想の影響を受けた『日本書紀』であるにもかかわらず、王朝交替を正当化する「易姓《えきせい》革命《かくめい》」を利用しなかった。しかも、三世紀から七世紀にかけて、国号《こくごう》「倭《わ》」は一貫して守られ、ヤマトの象徴でもあった前方後《ぜんぽうこう》円墳《えんふん》も、否定されることなくつくられつづけた。

とするならば、はたして血統がつながっ

ているかどうかの確証はないにしても、「大王家（のちの天皇家）」という「システム（機関といってもいいかもしれない）」が、ヤマト建国以来七世紀にいたるまで、ヤマトの豪族層の手で守られ継承されていたという点に関していえば、肯定してもいいのではないだろうか。

それはけっして不自然なことではなく、「馬鹿げている」と一蹴《いっしゅう》する必要もない。なにしろ、ヤマト建国から七世紀までわずか三百年ちょっとであり、それは徳川幕府の命運とほぼ同じなのである。もし黒船という外圧がなければ、徳川幕府の寿命はもう少し延びていただろう。

◇神武東征の信憑性

それはともかく、とても史実とは認められないと考えられてきた神武東征《じんむとうせい》が、考古学の進展によって、一抹《いちまつ》とはいえ、何かしらの真実を伝えていたのではないか、と思われるようになってきている。それは、二人の初代天皇という『日本書紀』が放置した矛盾《むじゅん》とも密接にかかわりをもつ。二人の「初代天皇」が、もともと一人の人物だったのではないかという疑いが出てきたからである。

おそらく四世紀に実在したであろう第十代崇神《すじん》天皇は、『日本書紀』の中で「ハツクニシラス天皇＝初めてこの国を治めた天皇」と称賛されていた。いっぽう、神武天皇にも同様の記述があって、一つの王朝に二人の始祖《しそ》王という珍現象が起きていたのである。

両者は本来同一だったのではないか、という説がある。『日本書紀』の神武天皇の記述が、途中がすっぽり抜け落ちていること、かたや崇神天皇の記述が、まるでちょうど神武の穴を埋めるかのように、即位当初の記事が希薄《きはく》なのである。

実際、二人のハツクニシラス天皇の業績を重ねると、考古学の指摘するヤマト建国の様子とぴったり重なってしまうのである。

たとえば、三世紀にヤマトに出現する前方後円墳《ぜんぽうこうえんふん》の成り立ちとヤマト朝廷誕生のシンボル・纒向《まきむく》遺跡は、神武天皇東征説話や崇神天皇と密接な関係がありそうだ。

ここで、考古学が明らかにしたヤマト建国の様相を振り返ってみよう。

ヤマト最大の聖地・三輪《みわ》山の山麓に三世紀、突如として巨大な人工都市が出現した。それが、かつてない規模を誇る纒向遺跡である。

巨木を使った水洗トイレ用の導水《どうすい》施設や運河を計画的に設置するという先進性、約一キロ四方（径一・五キロ）という規模の大きさは、後世の都城《とじょう》と比べても遜《そん》色《しょく》ないばかりか、農耕集落的要素がない、という点でも画期的なものだった。宗教色・政治色の強いこの遺跡に、国家の萌芽《ほうが》が見出せるのである。

問題は、この纒向遺跡の成立過程にある。

それは遺跡の出土品を見れば分かる。はじめ東海・北陸・山陰（出雲《いずも》）・山陽（吉《き》備《び》）の土器が集まり、最後に北部九州がやってきた。この順番は、前方後円墳の成立の経緯《いきさつ》にも当てはまる。

前方後円墳は三世紀前半に出現していた疑いが出てきているが、だからといって、三世紀前半にヤマト朝廷が建国されたのではない。というのも、このときの前方後円墳は、まだ「未完成」だったからだ。

前方後円墳は、吉備・出雲・ヤマト・北部九州の埋葬《まいそう》文化が習合《しゅうごう》したもので、これが全部揃ったものを、「定型化した前方後円墳」と呼んでいる。つまり、最後に北部九州がやってきて、ようやく「ヤマト」の象徴は完成した、というわけである。これは、纒向に集まった土器の順番とまったく同じである。

◇纒向遺跡と二人の初代天皇

翻《ひるがえ》って、神武東征《じんむとうせい》を思い浮かべれば、興味深い事実に気づかされる。

神武天皇がまだ九州にいたとき、ヤマトにはすでにいずこからともなく饒速日《にぎはやひ》命《みこと》なる人物が舞い降り、土着の長髄彦《ながすねひこ》の妹を娶《めと》り、ヤマトに君臨していたという。つまり、これが、「定型化」する以前のヤマトの姿と考えられる。饒速日命は、山陰・山陽といったヤマト建国の中心メンバーのことであっただろう。そして、『日本書紀』の記事の最後の最後になって、「初代天皇」が「九州」からヤマトに入った、というくだりがあり、まさに纒向《まきむく》遺跡と前方後円墳《ぜんぽうこうえんふん》の歴史をうまく説明していたことに驚かされる。

ちなみに、神武天皇が北部九州ではなく南部九州の日向《ひむか》からやってきたと『日本書紀』に書かれているのだから、これは前方後円墳の成立の事情と違う、という意見が出よう。

このあたりは複雑な事情をはらんでいるために、一言では説明できないが、北部九州で起きた争乱を避け、北部九州出身の神武が九州南部に避難していた、と筆者は考えている。詳しい事情は、拙著『古代史の秘密を握る人たち』(PHP文庫)を参照していただきたい。

それはともかく、この纒向遺跡はもう一人の初代天皇・崇神《すじん》天皇とも無縁ではなかった。

『日本書紀』崇神天皇三年秋九月の条には、都を磯城《しき》(瑞籬宮《みずがきのみや》)に遷《うつ》したとある

纒向遺跡　古墳前期を中心とする大集落跡(奈良県桜井市)

が、この磯城こそ、纒向遺跡のあった場所なのである。

その崇神天皇には、もう一つヤマト建国を連想させる業績がある。

崇神天皇紀十年九月の条には、大彦命《おおひこのみこと》を北陸に、武渟川別《たけぬなかわわけ》を東海に、吉備津彦《きびつひこ》を西道に、丹波道主命《たにわのちぬしみこと》を丹波にそれぞれ遣《つか》わしたとある。いわゆる四道将軍《しどうしょうぐん》である。天皇は、「もし教化に従わぬ者があれば、兵を挙げて討《う》て」と命じた。はたして、翌年には四道将軍が「戎夷《ひな》」を平定して帰還し、崇神天皇は「ハツクニシラス天皇」と称賛されるにいたるのである。

また『古事記』にも同様の記事があって、北陸と東海に遣わされた二人の将軍が、東北南部の会津《あいづ》付近で落ち合ったという。じつをいうと、四世紀、前方後円墳はあっという間に東国に広がっていたのだが、その北限が東北地方南部で、二人の将軍の行程と重なっていたのである。

したがって、崇神天皇の治世が、ヤマト建国直後の歴史を反映していた疑いが出てくる。また、二人のハツクニシラス天皇の業績を重ねてみると、三世紀のヤマト建国から四世紀のヤマト朝廷の象徴・前方後円墳の東国への広がりという、まさにヤマト創成期の考古学とぴったりと重なっていたのである。

◇権力のない王権「天皇」

二人のハツクニシラス天皇の話にこれだけこだわったのは、ヤマトの大王家の「本質」というものを知りたかったからである。

『日本書紀』に従えば、初代天皇は九州から東に向かい、ヤマトを征服した、ということになる。しかし、ヤマトはいくつもの勢力の「融合《ゆうごう》」によって誕生していたことを考古学は明らかにしている。

四道将軍《しどうしょうぐん》の東国平定も、軍事力にものをいわせた印象があるが、実際には、東国がヤマトを「選択した」可能性が高い。というのも、ヤマト建国の直前の弥生《やよい》時代後期の段階で、ヤマト周辺で発生した「方形周溝墓《ほうけいしゅうこうぼ》」が、すでに同様の地域に広がりを見せていたからである。すなわち、前方後円墳《ぜんぽうこうえんふん》という埋葬《まいそう》文化の中で、ヤマトの方形周溝墓は、目に見える「形」ではもっとも小さな影響が確認されるのみだが、「東への伝播《でんぱ》・広がり」という点からいえば、もっとも貢献したと考えられる。そしてもし仮に「九州側からの征服」によってヤマトが完成したのであれば、これほど急速な東国への前方後円墳の普及は実現しなかったにちがいないのである。

したがって、三世紀に誕生したヤマトの王権は、単独・独裁政権とは考えられないのだ。たとえば、ヤマト建国とほぼ同時代の邪馬台国《やまたいこく》の卑弥呼《ひみこ》について、『魏志《ぎし》』倭人伝《わじんでん》は次のように記録している。

「その国、本また男子を以《もっ》て王となし、住《とど》まること七、八十年。倭国《わこく》乱れ、相攻《あいこう》伐《ばっ》すること歴年《れきねん》、乃《すなわ》ち共《とも》に一女子を立てて王となす。名づけて卑弥呼という」

これによれば、二世紀後半の倭国には男王がいて数十年統治していたが戦乱がつづいた。そこで一人の女子を立てて王とした。その名を卑弥呼という、とするのである。さらに、卑弥呼亡き後、男王が立ったが、国中が服さず、再び戦乱が起きて千余人が殺されたといい、卑弥呼の宗女《そうじょ》・壱与《いよ》（台与《とよ》）を擁立したところ、ようやく混乱は収まったのだという。

このように、長引く混乱を収拾するために、首長層らの知恵によって王を「共立《きょうりつ》する」という方法がとられたことは確かである。そしてこの「妙案」が、ヤマト建国に用いられたからこそ、前方後円墳が成立した、ともいえそうである。

そして、「独裁者を排除する」という日本人特有の気質は、こののちの歴史に大きく影響していくように思われる。過去、天皇に実権が伴った例はほとんどなかった。また、中世、「力」によって政権を奪った武家政権でも、代を重ねるごとに、将軍は貴族化し、実質的な権力は剝奪《はくだつ》されていったのである。

なぜこのような伝統が生まれてしまったのかといえば、理由は二つあったように思われる。

まず第一に、縄文《じょうもん》人のアニミズム信仰・多神教《たしんきょう》の発想が根強く残っていたことがあげられよう。万物に神が宿り、そこかしこに精霊がいる、という信仰には、唯一の神、絶対の正義という発想がなかった。したがって、絶対的な力をもった一人の王に対する拒絶反応があったと考えられる。

第二に、地理的条件が大きな意味をもっていたのではなかったか。弥生時代以降、大陸や半島から、また、黒潮に乗って多くの人々が、この狭い列島に押し寄せた。

ここで注意しなくてはならないのは、彼らは「征服者」ではなく「亡命者」であり、最後の楽園として日本を目指した、ということである。そしてこのような人間の流入は、紀元前にはじまり、八世紀まで千年以上にわたってつづく。

◇東アジアのアジールとなった日本列島

古代の東アジアの中で、日本は最後のアジール（聖域・避難所）となったのではなかったか。実際、『魏志《ぎし》』東夷列伝《とういれつでん》には、朝鮮半島の東南部の新羅《しらぎ》の前身・辰韓《しんかん》は「流亡《るぼう》の民の国であった」と記録されている。

辰韓はそのため滅ぼされたとされているのだが、島国であった日本は、外敵から追われることもないかわりに、ここから先はもう逃げ場所がない。だからこそ、アジールに逃げ込んだ渡来人と土着の多神教の民・縄文人は曖昧《あいまい》な政治形態を求め、「強い王権」を拒絶したと考えられるのである。「卑弥呼《ひみこ》共立」、「寄せ集めの前方後円墳《ぜんぽうこうえんぷん》＝ヤマト」という現象も、また、「権力のない王権＝天皇家」も、このような歴史背景を考えなければ理解できないであろう。

倭《わ》の五王の時代、雄略《ゆうりやく》天皇は独裁を目指した気配がある。そこで人々は「はなはだ悪《あ》しき天皇」と罵《ののし》ったといい、ヤマトの豪族たちはみな天皇から離れていったという。

五世紀から六世紀にかけてのヤマトの混乱が、強い権力をもちはじめた倭の五王の時代からはじまった事実に留意を要する。七世紀にいたり、「和《わ》なるを以《もつ》て貴《とうと》しとし」という有名な言葉ではじまる憲法十七条を聖徳太子が制定し、「和」を強調したのも、このような歴史をふまえたうえでないと、その真意はつかめない。

すでに触れたように、憲法十七条には、「詔《みことのり》（天皇・大王《おおきみ》の命令・指図）を受けたら必ず慎《つつし》め」という強い調子の文言があった。しかし、だからといって、この明文法が大王家の強い権力を要求したかというと、けっしてそうではないだろう。その証拠に、憲法の最後の十七条には、

「夫《そ》れ事《こと》は独《ひと》り断《さだ》むべからず。必《かなら》ず衆《もろもろ》と論《あげつら》ふべし。少《いささけ》き事は是《これ》軽《かろ》し。必ずしも衆とすべからず。唯大《ただおほ》きなる事を論ふに逮《およ》びては、若《も》しは失《あやまり》有ることを疑ふ。故、衆と相弁《あいわきま》ふるときは、辞則《ことすなは》ち理《ことわり》を得《う》」

とある。

これによれば、政策を一人で決めてはならない、というのだ。小さいことならいざ知らず、大きな案件に関しては、必ず論議しなければ、失敗するであろう、というのである。これは合議制《ごうぎせい》の尊重であり、けっして「大王《おおきみ》・天皇」の独断と独裁を許したものではなく、要するに大王から出される命令は、合議のもとに下された裁断であることが前提となっているのである。

これに関連して触れておきたいのが、鎌倉時代（十三世紀末ごろ）に記された『釈日本紀《しゃくにほんぎ》』の一節である。それは『伊予国風土記《いよのくにふどき》』逸文《いつぶん》で、そこには、聖徳太子が伊予の国（愛媛県）に逍遥《しょうよう》したとき、神《かみ》の井《い》（温泉、現在の松山市道後《どうご》温泉）を見て、感動して残したという碑文《ひぶん》の内容が記されている。

「惟《おも》ふに、夫《そ》れ、日月《ひつき》は上《かみ》に照《て》りて私《わたくし》せず。神《かみ》の井《ゐ》は下《しも》に出《い》でて給《あた》へずといふことなし」

すなわち、太陽や月は上から照り、温泉は地から湧き出て分け隔てということをしない。人の世の政事《まつりごと》も、このようでなくてはいけないのだ、というのである。

驚くべき平等思想であり、はたしてこのような発想が七世紀に聖徳太子の口から出たものだろうかという疑いを禁じ得ない。

しかし、碑文の文体は、六朝《りくちょう》時代の駢儷体《べんれいたい》（四字句と六字句を対句《ついく》形式にした文体）を用いた七世紀の漢文というお墨付きがある。とするならば、仮に聖徳太子ではないにしても、当時の為政者《いせいしゃ》の「思い」が、この碑文の中に込められていたのではあるまいか。

少なくとも、この碑文の中に、「大王に強い権力を」という傲慢《ごうまん》な発想の片鱗《へんりん》さえ見ることはできないのである。

その後のヤマト朝廷の姿勢も、強い王権を目指したとはとても思えない。

たとえば、それは「都城《とじょう》」である。

三世紀から七世紀にいたるまで、大王（天皇）の住む宮は、どれも防衛本能が欠如したかのような建物だったようで、大王家の「大宮殿」は、今のところ一つも発見されていない。強大な権力を有したとされる天武《てんむ》天皇でさえ、「城壁」をもつことはなかったのである。

また、七世紀末から八世紀初頭の藤原京は、初めて中国の都城をまねてつくられた都である。その後も平城京《へいじょうきょう》・長岡京《ながおかきょう》・平安京《へいあんきょう》と遷都《せんと》はつづくが、それらには中国の都城とは似《に》て非《ひ》なる点が一つあった。それは、中国の皇帝が築いたような防御性に長《た》けた「城壁」がなかったことだ。「高い城壁に囲まれた都城」というものは、遂に日本には出現しなかったのである。大極殿《だいごくでん》を取り囲むのは、人の背丈よりも少し高いぐらいの築地塀《ついじべい》であり、とても「城壁」と呼べるような代物《しろもの》ではない。

強い権力をもった人間が恐れるのは、権力に対する反発である。力を加えれば同等の力がはね返ってくるというのは、人間社会にも通用する物理法則であろう。だからこそ権力者は、高い城壁を欲するのである。とするならば、日本の大王（天皇）は、本当に「大王（天皇）中心の中央集権国家」というものを望んだのだろうか、大化改新《たいかのかいしん》とは、「強い天皇家を目指した政変」だったのだろうか、という疑問をもたざるを得ない。

◇大化改新の真相を解けなかった理由

八世紀に完成した律令《りつりょう》（大宝律令《たいほうりつりょう》）にしても、同様のことがいえる。

律令は「天皇を絶対視する中央集権国家」をうたいあげる。天皇は官制を統括《とうかつ》し官吏《かんり》任命権をもち、軍事大権、刑罰権、外交と王位継承の大権を保持していたのである。

しかしこれは、あくまで建て前で、実際の律令政治では、天皇の発言権はほぼ剝《はく》奪《だつ》されていたといったほうが正確である。

たとえば、天皇の命令である「詔《みことのり》・勅《みことのり》」は、絶対の力をもったが、これには裏がある。実際には、国政審議の場である太政官《だいじょうかん》でまず案件が審議・合議《ごうぎ》され、これを、天皇が「追認する」という形をとっていた。天皇が認めた案件に太政官が管理する「御璽《ぎょじ》」が刻印《こくいん》され、正式な「詔・勅」となった。

つまり、天皇大権とは名ばかりで、実情は相も変わらず豪族層による合議によって、国政は運営されていたわけである。七世紀には蘇我氏が、八世紀には藤原氏が、というように、合議制の中心勢力の変遷はあったにしても、である。

このあたりの事情を、「政治学」という分野から分析した笠原英彦《ひでひこ》氏は『天皇と官僚』（PHP新書）の中で、次のように述べている。

「わが国の律令国家の権力構造においていわゆる貴族制的側面が強力であったのは、大王《おおきみ》を中心とする氏族連合政権であった大和《やまと》朝廷の権力構造を継承したからにちがいない。ということは、日本の律令国家は当初より、二重構造を内包していたことになるであろう。すなわち、一方で額面上、律令制の導入により中国皇帝の専制的側面を継受し、他方、実際には大化以前の大和朝廷における大王と豪族との関係を同時に継承していたと考えられる」

ここにいう大化以前の大王と豪族との関係とは、蘇我氏全盛のころでさえ、蘇我氏が独断で政治を進められなかったような現象、「大夫《まえつきみ》制＝合議制」を指している。まさにそのとおりであろう。

しかし通説はこう説明するかもしれない。

八世紀に律令が完成してみると、たしかに藤原氏を中心とした太政官が大きな力をもつようになった。ただ、そこにいたるには天皇強権を目指す皇親《こうしん》政治に固執《こしつ》する天武《てんむ》系の皇族との死闘が演じられたのだと。

しかし、これは大きな誤りである。天武天皇が目指したのは天皇独裁ではなく、合議制を尊重した律令の整備そのものだからである。このあたりの事情は、のちにもう一度触れなくてはなるまい。じつをいうと、天武天皇の目論見《もくろみ》・本心を見抜けなかったことが、天皇の本質・大化改新《たいかのかいしん》の本当の理由を解けなかった最大のポイントだったのである。

それはともかく、ここでの問題は、日本の「律令制度」が、中大兄皇子《なかのおおえのみこ》が唱えた「天皇親政《しんせい》」のためではなく、あくまで豪族の合議制を維持するための法制度であったということである。とするならば、中大兄皇子の主導した大化改新とはいったい何だったのか、という疑問に再び行き着いてしまうのである。

こうしてようやく、大化改新の核心に迫る準備ができあがったといえよう。

第二章

呪われた大化改新

コラム

二〇〇一年（平成十三）十月、アメリカ軍によるアフガン空爆の直前、アーミテージ国務副長官は、パキスタンの高官にビン・ラディン捕縛《ほばく》の協力を要請した。ところが、パキスタン側は過去の経緯《いきさつ》を念頭に難色を示し、これに対しアーミテージは「歴史は今はじまったのだ」と、いかにもアメリカ人的な発想を吐露したという（船橋洋一『フォーサイト』二〇〇一年№10・新潮社）。

極論すれば、アメリカは「過去」を捨てて建国し発展した「歴史のない国」なのである。

移民の国とは、「過去を捨てた人たち」の集合体でもあり、要するにアメリカの歴史は浅い（短い）のではなく、「歴史を尊重する」という発想そのものが根本から欠如しているのである。

その証拠に、アメリカの科学者の中には、地球の滅亡もそう遠い話ではなかろうと、火星移住計画を本気で考えている者がいるらしい。人類の底抜けの欲望を反省することなく、地球がだめなら使い捨て、という発想に、歴史のない国の貧困な発想を見る思いがするのは、はたして私だけだろうか。

そのような発想に立脚するアメリカにすれば、過去の因縁《いんねん》などにとらわれていたら、これからの世界に通用しないと本気で考えたのだろう。

しかし、人間という生き物は、どうしようもなく歴史に呪縛《じゅばく》される生き物なのである。だからこそ歴史を学ばねば、未来は見えてこないのである。それよりも何よりも、過去の因縁を捨てよう、とアメリカがいえる立場ではないように思えるのだが……。

ところで話は変わるが、人間の恨《うら》みというものも、なかなか消えるものではないらしい。千年以上も前の事件を、いまだに忘れない人々が、この日本にはいたのである。

奈良盆地の南部、奈良県橿原《かしはら》市曾我《そが》の集落は、かつての蘇我《そが》氏の強い地盤で、お隣の小綱《しょうこ》は、飛鳥《あすか》川と初瀬《はっせ》街道の交わる古代の交通の要衝《ようしょう》だった。この小綱に、普賢《ふけん》寺があって、境内に入鹿《いるか》神社が鎮座《ちんざ》する。

また、この小綱と曾我の集落の西側には百済《くだら》寺（奈良県北葛城《かつらぎ》郡広陵《こうりょう》町百済）があって二つの地域はすこぶる仲が悪い。百済寺には、蘇我入鹿《そがのいるか》を滅ぼした中臣鎌足《なかとみのかまたり》（藤原鎌足《ふじわらのかまたり》）が祀《まつ》られているからだ。

百済寺は奈良県桜井市の多武峰《とうのみね》の所領《しょりょう》だった地だから、中臣鎌足が祀られたのだろう。多武峰は蘇我入鹿暗殺の秘密基地となったところで、しかも中臣鎌足の墓を守る談山《だんざん》神社がある。

したがって、「曾我」は「多武峰」とも仲が悪い。曾我は、千年の時空を超えて、蘇我入鹿暗殺に対する恨みを忘れることはなかったのである。

「曾我（蘇我氏）」の恨みを妄執《もうしゅう》と笑い飛ばすことはたやすい。しかし、もし仮に蘇我氏を大悪人と信じて疑わない歴史観こそ「妄執」であったとするならば、笑われるべきは、むしろこちら側ではあるまいか。

少なくとも、人間は歴史から逃れることはできない生き物という一事を、肝《きも》に銘《めい》じておいたほうがよさそうである。

◇王陵の谷に眠る聖徳太子

奈良県と大阪府の県境付近に、「王陵《おうりょう》の谷《たに》」と呼ばれる一角がある。大津皇子《おおつのみこ》の眠る二上山《ふたかみ》の西側、磯長谷《しながたに》一帯に、聖徳太子《しょうとくたいし》ゆかりの人物群の古墳が密集しているところから、この名がある。

なにしろ古墳の被葬者《ひそうしゃ》たちはそうそうたる顔ぶれである。

まず聖徳太子が叡福寺《えいふく》に、その周辺には、敏達《びたつ》天皇・用明《ようめい》天皇・推古《すいこ》天皇・孝徳《こうとく》天皇、さらには聖徳太子の時代、遣隋使《けんずいし》となって活躍した聖徳太子の懐刀《ふところがたな》・小野妹子《おののいもこ》と、六世紀から七世紀、飛鳥《あすか》の主役たちの古墳が所狭しと並んでいるのである。

敏達天皇と推古天皇は夫婦、用明天皇と推古天皇は兄と妹。用明天皇の子が聖徳太子ということになる。孝徳天皇だけが、彼らと接点をもっていないのだが、なぜそれでも「王陵の谷」の住人に選ばれたのかについては、しだいに明らかにしていこうと思う。

この「王陵の谷」の中心的役割を果たしているのが聖徳太子の眠る叡福寺で、聖徳太子が推古二十八年（六二〇）にこの地に廟を造営し、さらに聖武《しょうむ》天皇の勅願《ちょくがん》により神亀《じんき》元年（七二四）に寺院が建立《こんりゅう》されたともいわれるが、はっきりしたことは分かっていない。

分かっていることは、この寺が、いつの日からか、聖徳太子の墓陵《ぼりょう》を守りつづけてきたという一点である。

この叡福寺には聖徳太子信仰も手伝って、いまだに観光バスが乗り付けるが、叡福寺を見下ろす高台に、もう一つ大切なお寺があることは、あまり知られていない。それが西方院《さいほういん》で、代々蘇我《そが》を名乗る尼僧《にそう》が住職をつとめてきた。だから今でも、ご住職の姓は「蘇我さん」である。

ちなみに、学校教育が行き届いてしまった結果（?）、いまだに蘇我さんの子女たちは、学校で肩身の狭い思いをしているという。歴史の授業で、蘇我入鹿《いるか》が悪人として教えられているからだ。

さて、西方院はやはり聖徳太子の墓陵を守ってきたのだが、この寺には謎《なぞ》が多い。

寺に残された伝承によれば、太子薨去《こうきょ》（死去）ののち、太子の三人の御乳母《おめのと》・善《ぜん》信《しん》（蘇我馬子《うまこ》の娘）・禅蔵《ぜんぞう》（小野妹子の娘）・恵善《えぜん》（物部守屋《もののべのもりや》の娘）が出家し、太子御廟《ごびょう》の前に一宇《いちう》を建立したのがはじまりとされている。

小野妹子の娘は分かるにしても、蘇我馬子・物部守屋の娘たちが、なぜ聖徳太子

叡福寺　聖徳太子の墓(陵)の前にある寺で、太子の霊を祀る(大阪市太子町)

西方院　聖徳太子の菩提を弔う尼寺で、住職は「蘇我さん」(大阪市太子町)

の御廟を守るために出家したのか、どうにも納得しかねるものがある。

　蘇我馬子は聖徳太子と対立していた疑いが強く、また、馬子の孫・蘇我入鹿は、聖徳太子の末裔《まつえい》一族を滅亡に追い込んでいる。

　物部守屋は蘇我馬子と聖徳太子の軍勢に滅ぼされた人物であり、なぜ敵対する一族の娘が、みな尼僧になって聖徳太子の御廟を守ったのだろう。それに、蘇我氏と物部氏は犬猿《けんえん》の仲《なか》であったと『日本書紀』はいう。であるならば、なぜ西方院で、二つの氏族の女性が仲よく並んでいるのだろう。

　また、叡福寺には、朝廷の庇護《ひご》を受けることなく自分たちの力で聖徳太子を祀《まつ》ってきた、という自負があるという。朝廷の聖者聖徳太子を、聖徳太子の敵ともいえる蘇我氏と物部氏が取り囲むように守りつづけ、しかも朝廷の庇護を受け付けなかったことを誇りに思っているという謎。七世紀の聖者の周辺には、いまだに多くの秘密が隠されているようではないか。

◇なぜ律令制度を整備する必要があったのか？

　すでに触れたように、日本の律令《りつりょう》の先鞭《せんべん》をつけたのは聖徳太子であった。そして、その改革事業を潰《つぶ》しにかかったのが蘇我《そが》氏だったと考えられている。なぜそう信じられるようになったかというと、『日本書紀』の乙巳《いっし》の変《へん》の入鹿《いるか》暗殺場面に、事件のきっかけが聖徳太子一族の滅亡にあったと記されているためだろう。

しかし本当にそうなのだろうか。

通説の律令整備にいたる説明はこうだ。

律令の整備を思い立ったのは聖徳太子だった。部民制《べみんせい》・屯倉制《みやけせい》では、豪族層のエゴを放置したままとなるため、天皇を中心とした新たな法整備を試みたのである。国力を落としたままでいれば、流動する東アジア情勢に対処できなくなるという先見性が聖徳太子にはあった。ところが、豪族層の利益を代表する蘇我氏は、このような聖徳太子の描いた理想を握り潰し、自家の繁栄だけを求め、あろうことか聖徳太子の死後、太子の一族を滅亡に追い込み、さらには王権さえ奪い取ろうと暗躍した、ということになる。

七世紀半ば、蘇我氏の増長が頂点に達したとき、立ち上がったのは中大兄皇子《なかのおおえのみこ》と中臣鎌足《なかとみのかまたり》（藤原《ふじわら》鎌足）であった。クーデターは成功し、大化改新《たいかのかいしん》が断行される。

もっとも、このとき中大兄皇子は即位せず、叔父で皇極《こうぎょく》天皇のじつの弟の軽皇《かるのみ》子《こ》（孝徳《こうとく》天皇）が即位する。

孝徳天皇の崩御《ほうぎょ》（六五四）後、皇極天皇が重祚《ちょうそ》（再び即位）して、斉明《さいめい》天皇が登場すると、中大兄皇子は母の政権のもと、いよいよ実力を発揮し、念願だった百済《くだら》救援の軍備を整える。

しかし、中大兄皇子にとって、この百済遠征が仇《あだ》となった。唐《とう》と新羅《しらぎ》の連合軍の前に大敗北を喫した中大兄皇子は、その後、西日本各地に防御用の城や石垣を築くなどして、内政の充実に時間がかかった。

その後、情勢も安定し、都を近江《おうみ》に遷《うつ》し即位した天智《てんじ》天皇であったが、志なかばで崩御。ここで、皇位継承問題のこじれから、天智天皇の弟・大海人皇子《おおあまのみこ》と、天智天皇の子・大友皇子《おおとものみこ》が対立。壬申《じんしん》の乱《らん》が勃発《ぼっぱつ》（六七二）し、大海人皇子が天下を掌握し、天武《てんむ》天皇が誕生した。

壬申の乱では、近江（大友皇子）のもとに、急速な律令制度化に反発する大豪族が身を寄せ、これに対し、地方豪族や弱小豪族が大海人皇子に味方したと、通説は捉《とら》える。

すなわち、壬申の乱はたんなるお家騒動ではなく、七世紀前半以来つづいた律令整備に対する豪族層の不安が、その背景にあったとするのである。

しかし、圧倒的な力を見せつけて勝利した天武天皇にとって、律令整備の天敵を一掃できたことが、かえって有利に働いたということになる。ここから天武天皇

「壬申の乱」史跡　大友皇子が奉葬された所と伝えられる（大津市）

は、皇族だけで政局を独占しようという「皇親《こうしん》政治」をはじめることができたからである。

この「皇親政治」こそ、七世紀来ヤマト朝廷が求めてきたものであり、中大兄皇子の理想像は、自《みずか》らの死によって完成したという皮肉《ひにく》が起きていたわけである。

ところが、天武天皇の死後、どんでん返しが待っていた。藤原不比等《ふひと》の登場で、天武天皇の孫・長屋王《ながやおう》を中心とする「皇親政治派」と藤原氏を中心とする「反皇親政治派」の二つの枠組みが出現し、結局「反皇親政治派」が勝利を収め、天皇から実権は剝奪《はくだつ》されてしまう……。

ここまでが、通説のいうところの律令整備のあらすじということになる。

改めてこのような流れを見直せば、律令整備のターニングポイントになったのは、やはり乙巳の変であったことが分かる。

律令整備最大の難関は、既得権をもった豪族層から、いかに土地と権力を奪い取るかということであり、当時最大の勢力を誇っていた蘇我本宗家《ほんそうけ》、なかでも蘇我入鹿は、どうしても邪魔だった。しかも蘇我入鹿は天皇家をないがしろにしていたのだから、諸悪の根元として、これを排除する必要があったわけである。

◇本当に蘇我入鹿は律令整備の邪魔になったのか？

さて、問題はここからだ。

本当に蘇我入鹿《そがのいるか》は律令《りつりょう》整備の邪魔になったのだろうか。

乙巳《いっし》の変《へん》＝大化改新《たいかのかいしん》について、新しい推理を働かせる遠山美都男《みつお》氏は『大化改新』（中公新書）の中で、

「蘇我氏は、あくまで王権に依存・寄生する存在として生まれた」

としたうえで、

「蘇我氏が大王家に対抗し、果てに王権を簒奪《さんだつ》しようと企てたなどとは到底考えがたい」

とする。蘇我氏がようやくの思いで築き上げた七世紀の蘇我系の王家を潰《つぶ》すことは、「根本的な自己否定につながる」からである。

たしかに、六世紀、部民制《べみんせい》の矛盾《むじゅん》が湧き出し、天皇家の直轄領を必要としたとき、「屯倉《みやけ》」の設置に一番貢献しているのは蘇我氏なのである。蘇我氏の協力なくして屯倉の広がりは期待できたかどうか、じつに怪しいといえるほどなのだ。

とすると、われわれは何か大きな思い違いをしてきたのではあるまいか。

蘇我入鹿が大悪人であったということは、誰もが知っている「常識」である。

しかし、それは誰が決めたことなのか。

われわれは学校の先生がいうことや、教科書に書いてあることが間違っているはずがないと思っている。

その教科書を書いた史学者たちは、『日本書紀』という朝廷の正史に「入鹿は悪人だ」と書いてあるのだから、これは本当のことだと信じて疑わないわけである。

ところが、『日本書紀』を読み返してみると、むしろ「入鹿悪人説」は逆転せざるを得ないような記述に満ちているのである。

そこでしばらく、乙巳の変にいたる状況を『日本書紀』の中から拾い出してみよう。

◇乙巳の変にいたる道のり

乙巳《いっし》の変《へん》の遠因《えんいん》は推古《すいこ》天皇の崩御《ほうぎょ》にまで遡《さかのぼ》る。

推古三十六年（六二八）三月、死の床にあった推古天皇は、枕元に田村皇子《たむらのみこ》（のちの舒明《じょめい》天皇）を呼び出し、

「天位《てんい》にのぼりつめ政治を行なうことはたやすくはないが、つねに責任がのしかかってくる。だからあなたは、謹《つつし》みをもって軽々しい発言をしてはいけません」

といい残し、さらに聖徳太子の子・山背大兄王《やましろのおおえのおう》を呼び、

「あなたはまだ未熟だから、心に秘めたるものがあったとしても、それを口に出してはいけません。必ず群臣《ぐんしん》の言葉に従いなさい」

といい、この世を去った。

この一節を読む限り、後継者は田村皇子と判断された感が強いが、はっきりした

ことはいっていない。このことが、のちのち波紋を広げていく。

その年の九月、推古天皇の葬儀が終わると、蘇我馬子《そがのうまこ》の子で入鹿《いるか》の父・蝦夷《えみし》は一人で皇位継承者を決めようと思ったが、群臣が従わないようでは困ると思い返し、大夫《まえつきみ》たちを集め会議を開く。これが先述した、七世紀の合議制《ごうぎせい》・大夫制である。飛ぶ鳥を落とす勢いであった蘇我氏でさえ、大夫たちの合議を尊重していたのである。

それはともかく、この席で、先の推古天皇の遺言が披露され、後継者には誰を選ぶべきかが問われた。

大勢が田村皇子に傾いたそのとき、「山背大兄王がいい」という反論が出た。その意見の中心には、蘇我系豪族・境部摩理勢《さかいべのまりせ》がいた。境部摩理勢は聖徳太子に目をかけられていた人物である。

山背大兄王はこの会議が開かれる直前、境部摩理勢が自分を支持していることを聞きつけ、積極的に働きかけていた。推古天皇の「遺言」として吹聴《ふいちょう》されている内容が、自分が直接聞いたものと違って伝わっていると訴えた。蘇我蝦夷が勝手に話をつくった、というのである。

そして、本当の話は、次のようなものであったという。

「私の余命もあとわずか。あなたはもとより私が期待していたものだ。寵愛《ちょうあい》する心は他に比べようもない。国家の大計《たいけい》は私の世で終わらせてはなりません。あなたは未熟といえども謹んで言葉を発しなさい」

この推古天皇の言葉は、近習《きんじゅう》の者みなが聞いていたという。けれども山背大兄王は天皇からの言葉をつい叔父の蘇我蝦夷にいいそびれたらしい。その後、天皇から使いが遣《つか》わされ、

「あなたの叔父の蝦夷はつねにあなたのことを気にかけていて、百年ののちにはあなたが皇位につかないことがあろうか、といっている。だから謹んで自愛して欲しい」

と告げられた。これで即位への意欲を一層かきたてられた山背大兄王は、

「我ら親子が蘇我から出ていることは、天下に知れ渡っている。私は蘇我を高い山のように頼もしく思っている」

として、虎の威を借りてでもと、皇位への熱意を強調したのだった。

しかし、山背大兄王の願いは蘇我蝦夷によってはね返された。それどころか、蝦夷と摩理勢は対立し、ついには境部摩理勢が蘇我蝦夷の軍勢に滅ぼされてしまったのである。

こうして山背大兄王の即位の芽は刈り取られ、舒明天皇が即位する。

◇繰り返された蘇我氏の専横

舒明《じょめい》天皇の在位は足かけ十三年。この間、何事もなかったかのように、平穏な日々がつづいた。舒明天皇には、蘇我《そが》系の女人との間に古人大兄皇子《ふるひとのおおえのみこ》が、そして宝皇女《たからのひめみこ》（のちの皇極《こうぎょく》天皇）との間に中大兄皇子《なかのおおえのみこ》や大海人皇子《おおあまのみこ》がいて、新たな皇位継承問題が浮上する可能性があったにもかかわらずである。

わが国最初の女帝・推古天皇（真野満画）

舒明天皇の崩御《ほうぎょ》が西暦六四一年のこと。その翌年には皇后の宝皇女が即位して皇極天皇が誕生するが、このときも波風は立たなかったようである。

『日本書紀』には山背大兄王《やましろのおおえのおう》の動きについて、なにも記述がない。通説は、皇位継承候補者が多くいたので、混乱を避けるために中継ぎの女帝が登場したのだというが、はたしてそうだろうか。七世紀に女帝を乱立した理由については、ここでは詳述を避ける。詳しくは、共同研究者・梅澤恵美子《えみこ》氏の『日本の女帝』（ベスト新書）を参照願いたい。

それはともかく、皇極天皇が即位して以来、蘇我氏の増長は目に余るものがあったと『日本書紀』は伝えている。皇極元年是歳《このとし》の条《じょう》に、「蘇我蝦夷《えみし》が祖廟《そびょう》を葛城《かつらぎ》の高宮《たかみや》（奈良県御所《ごせ》市森脇）に立て、さらに八佾《やつら》の舞という方形群舞《ぐんぶ》を行なった」とある。八佾の舞は中国では天子の特権とされるものである。また、蘇我蝦夷と入鹿《いるか》は墓をつくったが、このとき、上宮《かみつみや》（聖徳太子一族）の乳部《みぶ》の民（皇子に養育料として与えられた人々）を勝手に徴集し、工事に当たらせたという。これには上宮《かみつ》宮大郎姫王《みやのいらつめのみこ》（聖徳太子の娘）も激怒し、

「蘇我臣は、専横《せんおう》を繰り返し、礼を失している。天に二つの太陽はなく、国に二人の王はいない。それなのに、なぜわれわれの民を勝手に使うのか」

と恨《うら》んだという。

また、皇極二年（六四三）十月、蘇我蝦夷は病《やまい》の床に伏せって、朝廷に出仕《しゅっし》することができなかった。そこで勝手に紫冠《しかん》を子の入鹿に授けて大臣の位になぞらえ

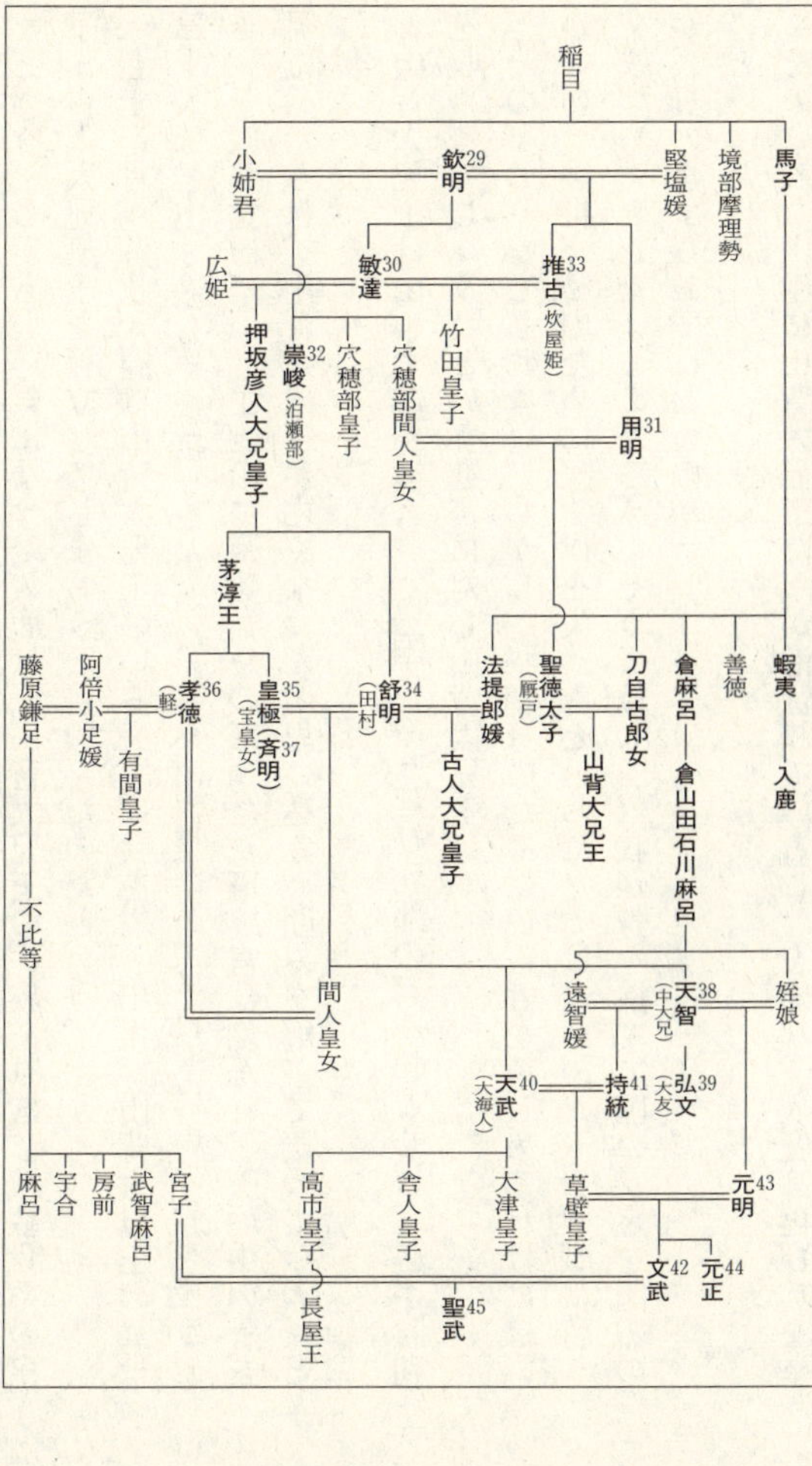

蘇我氏・天武・持統天皇関係略系図（太字は天皇名、数字は代数）

たという。しかもいい気になった入鹿は、山背大兄王の一族を滅ぼし、蘇我系の皇子・古人大兄皇子を擁立してしまおうと目論《もくろ》んだのだという。

翌十一月、蘇我入鹿は山背大兄王のいる斑鳩《いかるが》に兵を繰り出す。山背大兄王の兵は三十人ほど出て激しく抵抗したがかなわず、山背大兄王は寝殿《しんでん》に馬の骨を投げおき、一族郎党《ろうとう》を率いて生駒《いこま》山に避難したのだった。斑鳩宮は焼かれ、灰の中の骨を見た兵たちは、山背大兄王が亡くなったと思い込み、囲みを解いて戻っていったという。

山背大兄王は山中で策を練る。「東国に落ち延び乳部《みぶ》の兵を起こせば、必ず勝利を収めるでしょう」という進言に対し山背大兄王は、

「そのとおりかもしれない。しかし、我が身のために民百姓を苦しめるわけにはいかない。後世、私のために父や母を失ったといわれたくはないのだ。なぜ戦《いくさ》に勝ってますらおとたたえるのだろう。そうではなく、我が身を捨てて国の安定を図るのが、真のますらおではないのか」

といった。

そのころ、山中に山背大兄王たちが潜伏《せんぷく》していることを知り、入鹿は再び兵を挙げ、生駒山を囲ませた。これに対し、山背大兄王は生駒山を抜け出し、斑鳩寺（創

建法隆《ほうりゅう》寺）に戻ると、「このからだ、入鹿にくれてやろうぞ」といい放ち、一族郎党と共に、自害して果ててしまったのである。聖徳太子の一族は、ここに全滅してしまう。

山背大兄王の一族が朽《く》ち果てたとき、大空に五色の幡《のぼり》と蓋《きぬがさ》が舞い、舞楽《ぶがく》が奏でられ、神々《こうごう》しい光が満ちたという。人々は驚き嘆き、入鹿に指し示したが、幡は黒い雲となって、入鹿には見えなかったという。

法隆寺五重塔　謎に満ちた古刹のシンボル（奈良県斑鳩町）

◇入鹿暗殺!!

さて、翌皇極《こうぎょく》三年（六四四）、ここで中臣鎌子《なかとみのかまこ》（鎌足《かまたり》。以下、中臣鎌足で統一）が登場する。神祇伯抜擢《じんぎはくばってき》に対し、再三固辞《こじ》したうえに、病《やまい》と称して三《み》嶋《しま》（大阪府三島郡）に引っ込んでしまった、という記事である。

このとき、ちょうど軽皇子《かるのみこ》(のちの孝徳《こうとく》天皇)が足を悪くして朝廷に出仕《しゅっし》できないでいた。そこで中臣鎌足は軽皇子の宮に通い、親睦《しんぼく》を図った。もちろん、蘇我入《そがのいる》鹿《か》の専横《せんおう》を何とかしたいという思いから、手を組むべき相手を探していたわけである。

軽皇子は中臣鎌足の意気の高さ、人となりのすばらしさを知り、寵妃《ちょうひ》を与えるほどであったという。

中臣鎌足は「身に余る幸運。皇子の即位を、誰がはばむことができましょう」と人に語り、この言葉が軽皇子の耳に入り、皇子は大いに喜んだという。

しかし、中臣鎌足の本命は、軽皇子ではなく、中大兄皇子《なかのおおえのみこ》であった。なかなか近づくことができなかったが、たまたま法興寺《ほうこう》(飛鳥《あすか》寺)の槻《つき》(ケヤキの古名)の木の下で蹴鞠《けまり》が催され、ここでようやく知り合うことができた。中大兄皇子の履《は》いていたものが脱げ、それを中臣鎌足が捧げもち、中大兄皇子も跪《ひざまず》いて応えたという話はあまりに有名だ。

こののち二人は意気投合し、入鹿暗殺の計画を練っていく。まず二人は蘇我一族の切り崩しを画策する。入鹿の従兄弟《いとこ》に当たる蘇我倉山田石川麻呂《そがのくらやまだいしかわのまろ》の長女を中大兄皇子がまず娶《めと》り、そののちに、蘇我倉山田石川麻呂を計画に引きずり込もうという

着した。

ことになった。

中臣鎌足が段取りをつけ、蘇我倉山田石川麻呂の長女が嫁ぐというその日、この女人は略奪されてしまう。蘇我倉山田石川麻呂は困り果ててしまったが、妹の一人（おそらく遠智娘《おちのいらつめ》であろう）が身代わりになりましょうと申し出たことで、一件落着した。

こうして皇極《こうぎょく》四年（六四五）六月十二日、いよいよ入鹿暗殺が決行される。三韓《さんかん》（朝鮮半島の三国。高句麗《こうくり》・百済《くだら》・新羅《しらぎ》）が飛鳥板蓋宮大極殿《あすかいたぶきのみやだいごくでん》で調《みつぎ》を奉《たてまつ》るその日、入鹿の隙《すき》をつこう、という計画であった。

大極殿には皇極天皇と古人大兄皇子《ふるひとのおおえのみこ》が控えていた。そこに蘇我入鹿が登場する。中臣鎌足は入鹿の警戒心が強いことを知っていたので、俳優《わざひと》に知恵を授けて、おどけさせて、剣を奪い取った。そして、ここで、打ち合わせどおり、蘇我倉山田石川麻呂が三韓の表を読み上げる。建物の門すべてを閉めた中大兄皇子は槍をもち、身を隠した。中臣鎌足は弓矢をもって援護する。刺客《しかく》の一人、佐伯連子麻呂《さえきのむらじこまろ》はあまりの緊張に嘔吐《おうと》してしまう。

すでに上表文《じょうひょうぶん》はほとんど読み終わろうとしているのに、事がはじまらないのに動転した蘇我倉山田石川麻呂はわなわなと声が震え出す。怪しんだ入鹿が、「どうして震えている」と問いただすと、蘇我倉山田石川麻呂は、「天皇のそば近くに侍《はべ》って、恐れ多いのです」と答えるのがやっとだった。

入鹿の威に圧倒されて身動きができなくなってしまった佐伯連子麻呂の姿を見て、中大兄皇子は「やあ」と気合いを入れ、子麻呂と共に電光石火のごとく、入鹿に斬りかかった。

頭から肩にかけて血に染まった入鹿は、驚いて立ち上がる。子麻呂が足元にもう一撃喰らわすと、入鹿ははいつくばるように皇極天皇ににじりより、

「まさに、皇位にあらせられるべきは天子です。私になんの罪があるというのでしょう。お教えください」

と訴えた。

皇極天皇はとても驚き、自分はなにも知らないといい、中大兄皇子に事態の説明を求めた。すると中大兄皇子は、

「鞍作《くらつくり》（蘇我入鹿）は、王族を滅ぼして、天位を奪おうとしているのです。鞍作に王位を奪い取られてなるものでしょうか」

と訴えた。皇極天皇は言葉を失い、現場を立ち去っていったのである。こうして入鹿は殺され、その屍《しかばね》にはむしろがかぶせられ、雨ざらしにされたという。

蘇我派の皇族・古人大兄皇子は自分の宮に舞い戻り、「韓人《からひと》が入鹿を殺した。胸が張り裂けそうだ」と叫び、門を固く閉ざしたまま出てこなかったという。

クーデターに成功した中大兄皇子は法興寺（飛鳥寺）に拠点を移し、目と鼻の先の甘樫丘《あまかしのおか》の蘇我蝦夷《えみし》と対峙《たいじ》した。親蘇我派の豪族東漢《やまとのあや》氏は兵をかき集め巻き返しを図ろうとするが、「入鹿の道連れになって殺されてしまうのは犬死にぞ」という説得があって、みな、散りじりに逃げてしまった。

こうして孤立した蘇我氏は、ついに滅亡する。

◇謎を秘めた山背大兄王の行動

長くなったが、これが蘇我入鹿《そがのいるか》暗殺にいたる経緯《いきさつ》である。この『日本書紀』の記事を読む限り、どう考えても入鹿に正義はない。

しかし、繰り返すようだが、『日本書紀』編纂《へんさん》の中心には、中臣鎌足《なかとみのかまたり》の子・藤原不比等《ふじわらのふひと》がいた。その不比等が父親の功績を美化するために、蘇我入鹿の「悪行《あくぎょう》」を誇張して見せた可能性はなかったとはいい切れまい。

『日本書紀』の記述は矛盾《むじゅん》に満ちていて、その他の文書や金石文《きんせきぶん》といたるところで行き違いを見せるのだが、唯一、藤原氏の自伝『藤氏家伝《とうしかでん》』との間に整合性を見せていることが、『日本書紀』の性格をよく表わしていよう。

ところで、入鹿最大の罪は、聖者聖徳太子の子の一族を滅亡に追い込んだことであろう。しかし、山背大兄王《やましろのおおえのおう》が斑鳩宮《いかるがのみや》に馬の骨を置いて敵を欺《あざむ》いた話、逃げることができた状況にもかかわらず、斑鳩宮に舞い戻り、一族を道連れにした話と、あまりに現実離れした伝承に、つい首を傾げたくなるのである。

だいたい、山背大兄王は聖者の子として死んでいったかのように記されているが、皇位への野望を隠すことのなかった人物であり、蘇我の「縁故《えんこ》」にすがろうとさえしたのである。これが蘇我氏の分裂と殺戮《さつりく》の原因となってしまった。

しかも、すでに二代の天皇が即位しても野望を捨てようとはしなかったのだから「俗人《ぞくじん》」なのである。その山背大兄王が、なぜ聖者のように死んだと伝えられなければならなかったのだろう。これは、蘇我入鹿を「悪」に見せるための巧妙な演出だったのではあるまいか。

乙巳《いっし》の変《へん》の入鹿暗殺場面で中大兄皇子《なかのおおえのみこ》が叫んだ「入鹿は王家を滅ぼそうとしている」という言葉の裏付けは、今述べた山背大兄王殺害にあった。要するに乙巳の変は、蘇我入鹿が聖徳太子一族を滅ぼしたことに端を発しているのだと『日本書紀』

入鹿の遺骸が父・蝦夷のもとに運ばれる場面(『多武峰縁起絵巻』)

は声を大にして述べているわけである。

ところが、山背大兄王にまつわる説話の多くは、数々の矛盾と謎《なぞ》に満ちている。とするならば、蘇我入鹿の悪人としての評価も、山背大兄王を深く追究することで、覆《くつがえ》る可能性を秘めているわけである。

いったい、山背大兄王とは何者なのであろう。

結論を先にいってしまえば、山背大兄王の存在は「虚構」であった疑いが強いのである。では、なぜこのようなカラクリが用意されたかというと、なにがなんでも蘇我入鹿が悪人であってくれなければ、乙巳の変から大化改新《たいかのかいしん》へとつづく歴史の真実が露《ろ》見《けん》する恐れがあったからなのである。山背大兄王という存在があるおかげで、蘇我入鹿は悪人のレッテルを貼られ、結果、乙巳の変は正当化されたわけである。

なぜこのような推理が誕生したのかについては、これからおいおい述べていかなければならないのだが、まずここでは、これまでかたくなに信じられてきた中大兄皇子・中臣鎌足の「正義」という大化改新に対する単純な図式を疑う、もう一つの大きな理由を披露しておかなくてはならないだろう。

それは、「祟《たた》る蘇我入鹿」である。

不思議なことに、蘇我入鹿は乙巳の変で暗殺されたのち、祟って出ている。祟って出たという事実は、蘇我入鹿が何かしらの恨《うら》みをもって死んでいったことを暗示し、しかも、非が入鹿を殺したほうにあった可能性を高めているのである。

以下しばらく、蘇我入鹿の祟りについて考えてみたい。

◇斉明天皇にまとわりつく鬼の話

山背大兄王《やましろのおおえのおう》の死に不審な点があって、蘇我入鹿《そがのいるか》悪人説に疑問が浮上してきた。

ただ残念なことに、乙巳《いっし》の変《へん》の鍵《かぎ》を握る蘇我入鹿の正体については、これまで真剣に論じられてこなかった。それは、乙巳の変から大化改新《たいかのかいしん》へとつづくクーデターと古代行政改革を、「制度史」という視点だけをもって解き明かそうとしてきたからではあるまいか。

しかし、蘇我入鹿の人間像を問い直す必要が出てきたのである。いったい蘇我入鹿とは何者なのであろうか。

改めていうが、われわれが蘇我入鹿を悪人と思い込んでいるのは、朝廷の正史『日本書紀』にそう書いてあるからで、翻《ひるがえ》って考え直せば、われわれは対立する二つの勢力の一方の言い分だけを頼りに、一人の人間を罪人扱いしてきたわけである。これでは弁護人のいない暗黒裁判と何ら変わるものではなく、朝廷や政府のいっていることが一番信用できるという考え方を改めなければならないのは当然のことなのである。

そのような視点から見ると、『日本書紀』には、これまで見過ごされてきた、蘇我入鹿にまつわる逸話《いつわ》が残っていたことに気づかされる。

乙巳の変の現場に居合わせた皇極《こうぎょく》天皇は事件の直後、弟の孝徳《こうとく》天皇に譲位し、さらに孝徳天皇崩御《ほうぎょ》後に再び即位し、斉明《さいめい》天皇となる。

ところが即位とともに、この女帝は不思議な「鬼」にまとわりつかれたのだと『日本書紀』は証言する。

さて、この鬼とは、いったい何者なのか。

斉明元年（六五五）夏五月のこと、斉明天皇即位記事の直後のことだ。

「空中《おおぞらのなか》にして竜《たつ》に乗れる者有《あ》り。貌《かたち》、唐人《もろこしびと》に似たり。青き油《あぶらぎぬ》の笠《かさ》を着て、葛城嶺《かつらぎのたけ》より、馳《は》せて胆駒山《いこまのやま》に隠《かく》れぬ。午《うま》の時《とき》に及至《いた》りて、住吉の松嶺《まつのみね》の上より、西に向ひて馳せ去《い》ぬ」

つまり、唐人に似た青い油笠をかぶった異形《いぎょう》のものが竜に乗って葛城山から生駒《いこま》山に飛び、さらに昼ごろ、西に飛んで住吉の松嶺《まつのみね》の上から再び西に向かって飛んでいった、という。

このときはなにも起こらなかったが、斉明七年（六六一）五月から十月にかけて、斉明天皇の身辺で奇怪な事件が次々と起きる。このとき斉明天皇は、百済《くだら》救援の軍と共に九州の朝倉橘広庭宮《あさくらのたちばなのひろにわのみや》（福岡県朝倉郡朝倉町）に移っていた。

五月九日、最初の悪夢が訪れた。宮をつくるために近くの神社の木を切り払ったところ、雷神《らいじん》が怒り、建物を直撃し、宮の中に鬼火《おにび》（人魂《ひとだま》）が現われたという。雷神は祟《たた》る神であり、不吉な出来事である。この神の怒りによって、多くの舎人《とねり》や近《きん》侍《じ》の者たちが、病《やまい》に臥《ふ》し、死んでいった。そして斉明天皇も、二カ月後の七月に亡

朝倉橘広庭宮跡　百済出兵のときの皇居跡（津田秀行氏提供）

くなるのである。

八月一日には、ついに件《くだん》の異形のものが姿を現わす。

「是《こ》の夕《よひ》に、朝倉山の上に、鬼《おに》有《あ》りて、大笠《おほがさ》を着て、喪《みも》の儀《よそおひ》を臨《のぞ》み視《み》る」

朝倉山の上から、大笠をかぶった「鬼」が斉明天皇の葬儀の様子をじっと見ていた、というのである。それを見た人々は、みな怪しんだという。この鬼が斉明元年に葛城山から生駒山に飛んだ鬼と同一であったのは確かである。では、なぜ斉明天皇と鬼は強くつながっていたのだろう。

ちなみに、この斉明天皇にまとわりついた鬼の話には、典型的な鬼や祟りの話が盛り込まれている。

鬼はそもそも「モノ」と呼ばれていたが、鬼に「隠れる」という属性のあることから平安時代、「隠＝オン＝オニ」となったという説もある。件《くだん》の竜に乗った者が大きな「笠」をかぶっていたとあるのは、「隠れる」目的であり、鬼の属性をもっていたことが分かる。

また、この鬼の祟りが「雷」となって具現化した説話にも意味がある。件の鬼が乗っていたのは竜だが、中国では古来、竜は雷と同一と考えられ、また日本では、蛇と目された。日本の蛇信仰が竜へと変貌していくことはよく知られている。したがって、竜に乗った鬼が雷になって祟った話には整合性がある。また、雷神は稲作の神、水の神と考えられてきたが、いっぽうで祟る神でもあったのだ。

◇なぜ蘇我入鹿は祟って出たのか？

ところで、この祟《たた》られる斉明《さいめい》天皇の話が、平安末期に成立した編年体の歴史書『扶桑略記《ふそうりやつき》』に載っている。

そこにはまず、斉明天皇元年のこととして次のようにある。

「空中に竜《たつ》に乗《の》れる者あり。貌《かたち》は唐人《もろこしびと》に似て、青油笠を着て、葛城嶺《かつらぎのたけ》より、馳《はし》りて胆駒山《いこまのやま》に隠る。午時《うまのとき》に至るに及び、住吉の松の上より西を向いて馳り去《さ》る。時の人言ふ、蘇我豊浦大臣《そがのとゆらのおおみ》の霊なり、と」

斉明元年に唐人に似た青油笠をかぶった者が葛城山から生駒山に飛び、さらに住吉の松の上から西を向いて走り去ったが、人々はこれを「蘇我豊浦大臣の霊魂だ」とうわさし合った、というのである。

そして、斉明七年（六六一）の夏のこととして、

「群臣卒尓《ぐんしんそつじ》に多く死ぬ。時の人云《い》ふ、豊浦大臣の霊魂のなす所なり」

つまり、『日本書紀』のいうところの斉明天皇の朝倉橘広庭宮《あさくらのたちばなのひろにわのみや》での奇怪な事件が、じつは豊浦大臣の仕業《しわざ》だった、というのである。

ここにいう蘇我豊浦大臣とはいったい何者であろう。『日本書紀』は豊浦大臣を蘇我蝦夷《えみし》といい、かたや物部系の文書『先代旧事本紀《せんだいくじほんぎ》』は、蘇我入鹿《いるか》であったとしている。どちらとも判断がつきかねるが、いずれをとるにせよ、乙巳《いっし》の変《へん》で滅ぼさ

れた蘇我本宗家《ほんそうけ》の二人のうちのどちらかということになる。

しかし、斉明天皇に恨《うら》みをもっている人物といえば、蘇我入鹿がふさわしい。斉明天皇の眼前で蘇我入鹿は斬り殺されたのである。祟りを恐れるとしたら、その断末魔の叫び声が耳から離れない女帝の苦しみがあったからであろう。

問題はここからだ。

なぜ蘇我入鹿は祟って出たのだろう。怪しげな鬼が出現し、ばたばたと人々が死んでいくさまを見て、斉明天皇に近侍《きんじ》していた人たちは、なぜとっさに「これは蘇我入鹿の仕業にちがいない」と感じ取ったのであろう。

それはたんに、蘇我入鹿が斉明天皇の目の前で殺されたから、という単純な理由からではないはずだ。「蘇我入鹿が祟ったにちがいない」と誰もが信じて疑わなかったのは、蘇我入鹿には殺される謂《い》われがなかったからではなかったか。なぜなら、「祟り」とは、生前罪なくしておとしいれられた者が恨んで出てくるものだからである。

つまり、蘇我入鹿が祟って出たというたった一つの現象が、歴史の大逆転を起こしかねない大きな意味をもっていたかもしれないのである。

そこで、「祟り」について、もう少し考えてみたい。

◇菅原道真と祟り

歴史上祟《たた》ることで有名なのは、平安前期の学者で政治家、しかも学問の神様となった菅原道真《すがわらのみちざね》（八四五〜九〇三）である。

平安時代、多くの学者を輩出《はいしゅつ》した菅原氏は、古代名族の一つ、土師《はじ》氏の出である。土師氏といえば、相撲《すもう》の祖として名高い。

『日本書紀』垂仁《すいにん》天皇七年七月七日の条《じょう》には、次のようにある。

ヤマトの当麻《たいま》に天下一と名高い強者《つわもの》、当麻蹶速《たいまのけはや》がいることを知った垂仁天皇は、蹶速にかなう者はいないものかと探し求めたところ、出雲《いずも》に野見宿禰《のみのすくね》がいることを知る。そこで二人に力比べを行なわせてみると、野見宿禰が勝った。そこで野見宿禰は宮廷に仕えるようになり、垂仁天皇の皇后の逝去《せいきょ》に際しては、殉死《じゅんし》の風習を改める妙案を献策する。人身御供《ひとみごくう》の代わりに埴輪《はにわ》を陵《みささぎ》のまわりに並べてはどうかというのだ。これが取り入れられ、野見宿禰は埴輪をつくる「土師部《はじべ》」を出雲から呼び寄せ、野見宿禰には「土師臣」の姓が与えられたのである。

土師氏の祖は天穂日命《あまのほひのみこと》で、この神は天皇家の祖神《そしん》、いわゆる天孫族《てんそんぞく》（皇祖神《こうそしん》）と同族ということになる。出雲の国譲《くにゆず》りに際し、出雲乗っ取りを目論《もくろ》む天孫族が工作員として送り込んだのが、天穂日命だった。ところが天穂日命は出雲に同化してしまうのである。

結局、天孫族は出雲を屈服させるのだが、天穂日命の末裔《まつえい》は出雲国造家《こくそうけ》となり、祟る出雲神・大国主神《おおくにぬしのかみ》を祀《まつ》る一族となり、出雲臣を名乗るようになる。この天穂日命の十四世の孫が土師氏の祖・野見宿禰だったわけである。そして平安時代初期、桓武《かんむ》天皇のとき、土師氏は菅原に姓を改めた。

さて、長い間儒官《じゆかん》を輩出しつづけた菅原氏が、一躍政局の中枢にのぼりつめられたのは、宇多《うだ》天皇と藤原時平《ふじわらのときひら》の不仲が原因であった。道真は娘を後宮《こうきゆう》に入れ、宇多天皇と密接な関係を築いていったのである。

三十一歳で退位し、上皇《じようこう》となった宇多は、幼帝・醍醐《だいご》天皇の後見役《こうけんやく》を道真に委ね、右大臣《うだいじん》に抜擢《ばつてき》したのである。とはいっても、政敵・藤原時平は左大臣《さだいじん》だったから、いくら先帝の寵愛《ちようあい》を一身に受けていたといっても、道真の地位は不安定なものだった。

延喜《えんぎ》元年（九〇一）正月、ついに藤原氏を中心とする反道真派は、道真が謀反《むほん》を企《たくら》んでいると醍醐天皇に訴えて醍醐天皇を脅《おど》し、道真左遷《させん》を押し通してしまったのである。

庭先の梅に別れを告げる菅原道真（『北野天神縁起絵巻』）

結果、道真は北部九州の大宰府《だざいふ》に左遷させられてしまうのである。役職は大宰府の次官というものであったが、現実は幽閉《ゆうへい》であった。二年後の延喜三年（九〇三）、菅原道真は大宰府で憤死《ふんし》する。

◇朝廷を震撼させた菅原道真

晩年の道真《みちざね》の生活は悲惨なものであったという。雨漏《あまも》りのする部屋で石を焼いて暖をとり、脚気《かっけ》と皮膚病に苦しんだ。また、子どもたちも地方に流されたため、道真の朝廷に対する恨《うら》みは強く、深かった。

そしてこのころから、朝廷で奇怪な事件が起きはじめる。

延喜《えんぎ》八年（九〇八）には、道真左遷《させん》の片棒をかついだ藤原菅根《ふじわらのすがね》、その翌年には首謀者・藤原時平《ときひら》が三十九歳の若さで相次いで亡くなり、延喜二十三年には醍醐《だいご》天皇の皇太子・保明《やすあき》親王が二十一歳の若さで急死してしまう。『日本紀略《にほんきりやく》』は、

「世《よ》をあげて云《い》ふ。菅帥《かんそち》の霊魂《れいこん》の宿忿《しゅくふん》のなす所《ところ》なり」

つまり、一連の変事は菅原道真の祟《たた》りにちがいない、と大騒ぎになったことを伝えている。心当たりのある人たちは、恐怖のどん底に突き落とされたのである。

さっそく朝廷は道真を右大臣《うだいじん》に復《ふく》し、正二位を追贈《ついぞう》すると、左遷の詔勅《しょうちょく》を捨てさせたのであった。

ところが、二年後、保明親王と時平の娘の間の子で皇太子の慶頼《よしより》が急死。さらに五年後、京の都に黒雲が湧き起こり、宮中の清涼殿《せいりょうでん》に落雷、道真の政敵藤原清貫《きよつら》が即死した。その直後、醍醐天皇も亡くなり、道真の祟りに対する恐怖は頂点に達した。

正暦《しょうりやく》四年（九九三）には、菅原道真に正一位・左大臣《さだいじん》が追贈され、さらに同年、これでは祟りは収まらないと考えたのか、太政大臣《だいじょうだいじん》の位が追贈されたのである。

◇桓武天皇を襲った早良親王の祟り

平安時代の祟《たた》りは菅原道真《すがわらのみちざね》だけではない。平安京遷都《せんと》で名高い桓武《かんむ》天皇も、祟りに悩まされた一人だ。

平安京遷都は「ウグイス鳴くよ」の西暦七九四年で受験生にはおなじみだが、奈良の平城京《へいじょうきょう》から直接平安京に遷《うつ》ったのではなく、その直前、平安京の南西側に、長岡京《ながおかきょう》造営が計画され、工事も進んでいたのである。延暦《えんりゃく》三年（七八四）のことで、責任者は藤原種継《ふじわらのたねつぐ》であった。この年の十一月、桓武天皇は長岡京に移るが、翌年の四月、桓武天皇が長岡京を留守にしたちょうどそのとき、何者かの手で、藤原種継が射殺されるという変事が起きた。

下手人《げしゅにん》はすぐに捕まった。『続日本紀《しょくにほんぎ》』には、次のようにある。

事件勃発《ぼっぱつ》の直前に東北の任地で亡くなった中納言《ちゅうなごん》・大伴家持《おおとものやかもち》が大伴氏と佐伯《さえき》氏を巻き込み、彼らは桓武天皇のじつの弟で皇太子の早良《さわら》親王をそそのかし、藤原種継殺害計画を練っていたというのである。

早良親王はさっそく捕らえられ、廃太子《はいたいし》、淡路国《あわじのくに》に配流《はいる》が決まった。

ところが、ここで事件は思わぬ方向へ進む。早良親王が抗議の断食《だんじき》をはじめ、移送途中、憤死《ふんし》してしまうのである。

事件はどうやら仕組まれていたようである。大伴家持は春宮大夫《とうぐうたいふ》として早良親王に仕えていた。かたや藤原種継は桓武天皇の寵愛《ちょうあい》を受けている。家持も種継もどちらも中納言で、恰好《かっこう》のライバルである。家持の東北行き（つまりは左遷である）は、どうやら種継の暗躍なしには考えられない。家持は種継を恨《うら》んでいたにちがいない。

では、本当に家持が種継殺しを計画したかというと、これも怪しい。種継の母は秦《はた》氏で、この一族は長岡京造営予定地の山背国《やましろのくに》に勢力基盤をもっていた。したがって種継が事業に成功すれば、秦氏の発言力はいやがうえにも強まってしまう。種継以外の藤原氏にとって、これはおもしろくない。

では、事件の黒幕は誰であろう。それはおそらく、桓武天皇の側近の中の藤原系の誰かであろう。秦氏の息のかかった種継と大伴氏を同時に政界から追放し、しかも桓武天皇の皇太子を早良親王から桓武天皇の子・安殿《あて》にすり替えることができるという一石二鳥の作戦である。もちろん、桓武天皇も一枚嚙《か》んでいたのであろう。

早良親王の祟りは、延暦七年（七八八）に現実のものとなった。

桓武天皇の后《きさき》・旅子《たびこ》、早良親王の母・高野皇太后《たかのこうたいごう》、安殿や賀美能《かみの》親王の母で桓武

長岡京大極殿跡　桓武天皇が平城京より都をここに遷した（京都府）

天皇の皇后・乙牟漏《おとむろ》が次々に亡くなっていったのである。桓武天皇は早良親王の御《ご》陵《りょう》のある淡路《あわじ》国府《こくふ》に命じ、御陵に塚守《つかもり》を置き、周辺での殺生《せっしょう》を禁じた。

しかし、これだけで早良親王の祟りが収まったわけではなかった。延暦九年（七九〇）の秋から冬にかけて、天然痘《てんねんとう》が流行したのである。

また、安殿親王の体調が思わしくなかったので、占ってみると早良親王の祟りと分かった。そこで、安殿は伊勢《いせ》神宮に参拝、桓武天皇は改めて早良親王を祀《まつ》ったという。

天皇家にとって、早良親王の祟りは忌まわしい記憶として焼き付けられたのであろう。明治になって早良親王は崇道《すどう》天皇と追《つい》号《ごう》されたほどなのである。

◇崇る者の正義

こうして見てくると、いかに「崇《たた》り」が大きな意味をもっていたかが分かるはずである。それにもかかわらず、これまで「蘇我入鹿《そがのいるか》の崇り」がほとんど注目されてこなかったのは不審《ふしん》きわまりない。

理由は、奈良時代にはまだ「怨霊《おんりょう》」という概念がなかったと考えられているからである。したがって、入鹿の崇りなどなにも意味がないということであろう。しかし概念が誕生しなくても、人間には人の恨《うら》みを恐れるという自然の感情がある。笑う、泣くという行為が概念などというものを必要としないのと同じことである。

だいたい、日本古来の信仰は、大自然の脅威を神と見なし、災難が降りかからないことを必死に祈ったものであり、崇り神をいかに鎮《しず》めるかに腐心《ふしん》したものである。したがって、概念がないからといって、崇る入鹿を無視することはできない。

そしてここで強調しておきたいのは、「崇り」のことごとくが、「崇られる者」に非があった、ということである。落雷におののき、菅原道真《すがわらのみちざね》の崇りと震《ふる》え上がるのも、天然痘《てんねんとう》の原因を早良《さわら》親王に求めたのも、「崇られる者」にやましい心があったからにほかならない。

その点、入鹿の祟りを恐れた朝廷は、入鹿に何かしらの後ろめたさを感じていたということになる。それはなにも斉明《さいめい》天皇一人に限ったことではない。乙巳《いっし》の変《へん》の首謀者の一人、中臣鎌足《なかとみのかまたり》の最期《さいご》にも、奇怪な記事が残されている。『日本書紀』天智《てんじ》天皇八年是《この》秋の条《じょう》に、中臣鎌足の家に落雷があったと記録されている。その直前の記事まで、元気に活躍していた中臣鎌足が、この記事の直後に病《やまい》の床につき、同年十月、亡くなるのである。

『日本書紀』が本来必要のない落雷記事をわざわざ載せたのは、祟りの暗示にほかなるまい。「英雄」中臣鎌足が、いったい誰に祟られたというのか、『日本書紀』は黙して語らない。しかし、経緯《いきさつ》から考えて、それは蘇我入鹿であろう。

このように、「祟り」の意味が分かってくると、蘇我入鹿暗殺には、なにかしらの「裏」があったであろうことは容易に想像がつく。とするならば、乙巳の変の真実はどこにあるのだろう。

ここで思い出すのは、乙巳の変の後の「難波遷都《なにわせんと》」のことである。

ヤマトから難波への移動は、「新政権」「クーデター政権」の政策としては不適切だと指摘しておいた。それにもかかわらず、現実に遷都が行なわれていたのだとすれば、『日本書紀』の記述とは裏腹に、孝徳《こうとく》天皇は中大兄皇子《なかのおおえのみこ》や中臣鎌足という乙巳の変の首謀者たちとは対立するものであった疑いが出てくるのである。すなわち、孝徳天皇が親蘇我派の皇族であった、ということである。

『日本書紀』大化《たいか》元年七月の条には、孝徳天皇が阿倍倉梯麻呂《あべのくらはしまろ》・蘇我倉山田石川麻《そがのくらやまだいしかわのま》呂《ろ》の左右の大臣を前に、「まさに、上古《いにしえ》の聖王《ひじりのきみ》の事績《じせき》を継承して天下を治めよう」と宣言している。ここにいう「上古の聖王」がいったい誰を指しているのかは定かではない。しかし、蘇我系皇族聖徳太子が「聖皇」「聖王」と呼ばれていたことを思い出さずにはいられない。孝徳天皇が意識していたのは聖徳太子であり、その聖徳太子の理想を継承していたのは、蘇我氏だったのではあるまいか。

だからこそ、聖徳太子は飛鳥《あすか》から斑鳩《いかるが》に、孝徳天皇は飛鳥から難波にと、流通・情報の拠点である「海」に近づいていったのではなかったか。

そして、乙巳の変とは、このような新たな潮流に対する反動であり、中大兄皇子や中臣鎌足の行動は、たんなる要人暗殺に終わり、新たな潮流を押しとどめることはできなかったと思えるのである。

蘇我入鹿が祟って出たという話も、蘇我入鹿が正真正銘の改革事業の継承者であったからこそと考えることで、乙巳の変をめぐる多くの矛盾《むじゅん》は解けてくるはずなのである。

◇乙巳の変の首魁は孝徳天皇だった？

では、このような仮説は実証できるのであろうか。

ここで私見を述べる前に、最新の学説を紹介しておかなくてはならない。遠山美《み》都男《つお》氏の「乙巳《いっし》の変《へん》の首魁《しゅかい》は、中大兄皇子《なかのおおえのみこ》や中臣鎌足《なかとみのかまたり》ではなく、孝徳《こうとく》天皇だった」という斬新なアイディアである。

まず遠山氏は、乙巳の変における中大兄皇子と中臣鎌足の活躍を活写した『日本書紀』の記事が、どれほどの客観性をもっていたのかと疑問をぶつける。

それは、『日本書紀』編纂《へんさん》時の政権が「中大兄皇子・中臣鎌足」に近い人々で固められていたからであり、二人の活躍を割り引いて考える必要があるとする。たしかにそのとおりであろう。

では、乙巳の変の首謀者は誰だったのか、というと、それは孝徳天皇ではないか、と遠山氏は指摘する。

乙巳の変ののち、古人大兄皇子《ふるひとのおおえのみこ》・中大兄皇子・軽皇子《かるのみこ》（このあと即位する孝徳天皇）の間で皇位をお互いに譲り合うという話が『日本書紀』に載っているが、実際にはこの場面は『日本書紀』のでっち上げで、孝徳天皇誕生の筋書きは最初から決まっていた、というのである。

なぜそういえるのかというと、孝徳天皇即位が決定した直後出家してしまったと『日本書紀』に記された古人大兄皇子にヒントが隠されているとする。古人大兄皇子は蘇我《そが》氏が推していた人物であり、蘇我本宗家《ほんそうけ》滅亡後に皇位継承問題にかかわっているはずがないのであって、出家は入鹿《いるか》暗殺の直後、つまり『日本書紀』のいうような皇位継承問題が浮上する前にすでに行なわれていた可能性が高い、とするのである。

それにもかかわらず、『日本書紀』が古人大兄皇子の三者会談記事を捏造《ねつぞう》してしまったのは、クーデターの目的を隠蔽《いんぺい》するためだ、という。

では、クーデターの目的はなんだったというのだろう。

乙巳の変におけるクーデター派の究極の目標は、蘇我氏の推す古人大兄皇子を退け、皇極《こうぎょく》天皇から軽皇子への史上初の譲位《じょうい》であったとする。

では、なぜ「史上初の譲位」が大きな意味をもっていたかというと、それまで大《おお》王《きみ》によって継承されていた王権の具体的内容を、子や大后らに分け与えることができなかったことと関連があるという。すなわち、

「譲位を企画・構想できたということは、大王に集中された貢納《こうのう》・奉仕《ほうし》の諸関係を、大王生存中に大王から引きはなし、それを他者に移譲《いじょう》することが可能になったということである。それは、貢納・奉仕の諸関係の集合体である伴造《とものみやつこ》・部民《べみん》制《せい》の内部構成の変化、制度的改編がすでに進行しつつあったか、あるいは、かかる改編の必要が政治日程に上りつつあったことをその前提として想定せざるをえない」（『大化改新』中公新書）

というのである。つまり、律令というしっかりした形ではないにしても、部民制・屯倉制《みやけせい》から律令《りつりょう》へ、という流れの過渡期として、乙巳の変・大化改新《たいかのかいしん》を捉《とら》えたわけである。

◇蘇我色の強い改新政府

この指摘を当てはめれば、聖徳太子・蘇我《そが》氏とつづいた律令へのバトンタッチ、という私見は成り立たないことになる。しかし、この遠山氏の推理を受け入れることはできない。

乙巳《いっし》の変《へん》は権力闘争であって、律令制云々《うんぬん》以前に、主導権争いが主目的であった。したがって、「史上初の譲位」がクーデターの最大の目的であり、これを画策《かくさく》したのが軽皇子《かるのみこ》（孝徳《こうとく》天皇）だったという遠山説は、説得力をもたない。すべてを制度史で解き明かそうとするこれまでの通説の域を越えていないのである。

孝徳天皇が律令制度の進展の必要性に迫られて蘇我入鹿《いるか》暗殺（乙巳の変）を決行した、というのならば、クーデターの直後、危険な難波《なにわ》に遷都《せんと》したのはなぜだろう。それは、すでに触れたように、孝徳天皇が蘇我寄りの天皇と考えない限り、うまく説明できない。

結局、遠山氏や通説が乙巳の変と律令制度の関係にこだわりつづけてきたのは、古代史が制度史を中心に研究されていること、乙巳の変前後の実際の政治力学が明確に把握《はあく》できていなかったことが最大の原因だったと思いいたるのである。

とするならば、『日本書紀』の裏側に隠された七世紀半ばの政治地図を再構築すればいいだけの話である。

つまり、遠山氏や通説の描く孝徳＋中大兄皇子《なかのおおえのみこ》vs.蘇我本宗家《ほんそうけ》という常識的な図式そのものを、蘇我本宗家＋孝徳vs.中大兄皇子という図式に描き直すことができるならば、乙巳の変と大化改新《たいかのかいしん》をもっと違った視点から見つめ直すことができるはずなのである。

実際、孝徳天皇が蘇我寄りの人物であった傍証はいくつも見出すことができる。『扶桑略記《ふそうりやつき》』には、山背大兄王《やましろのおおえのおう》襲撃に際し、軽皇子（孝徳天皇）が蘇我入鹿の軍勢に加わっていたと記されている。後世、明らかに孝徳天皇は蘇我寄りの人物と目されていたわけである。

のちに再び触れるが、乙巳の変の直後、蘇我系の古人大兄皇子《ふるひとのおおえのみこ》は謀反《むほん》を起こしたと訴えられ、討ち滅ぼされている。

しかし、不思議なことに、『日本書紀』を読む限り、孝徳天皇はこの事件にまったく関与していない。謀反の密告は中大兄皇子にもたらされ、兵を挙げたのも中大兄皇子であり、孝徳天皇は蚊帳《かや》の外なのである。

この事件以降、乙巳の変ののち起こったいくつかの「蘇我氏の謀反」のことごとくが中大兄皇子に対して行なわれ、これを孝徳天皇ではなく中大兄皇子が鎮圧するという形をとっているところに、大きなヒントが隠されていよう。つまり、乙巳の変前後の「蘇我と中大兄皇子の明確な対立の図式」を、これらの事件が証明しているように思えるのである。

孝徳政権における人事も、「蘇我的要素」に満ちているのはなぜだろう。

孝徳天皇即位の後、新たな人事が発表される。左大臣《さだいじん》は阿倍内麻呂《あべのうちまろ》、右大臣《うだいじん》は蘇《そ》我倉山田《がのくらやまだ》石川麻呂《いしかわのまろ》である。ここにある阿倍内麻呂は推古《すいこ》朝・舒明《じょめい》朝と、蘇我全盛時代に活躍した阿倍麻呂《あべのまろ》と同一人物ではないかとされている。阿倍麻呂は、推古《すいこ》女帝の崩御《ほうぎょ》後に発生した田村皇子（舒明天皇）と山背大兄王の皇位継承問題でも、蘇我蝦夷《えみし》の右腕として活躍した人物であった。もともと阿倍氏は飛鳥《あすか》時代、彗星《すいせい》のように登場した一族だが、蘇我氏と緊密な関係にあったのである。

　右大臣の蘇我倉山田石川麻呂は乙巳の変で蘇我入鹿暗殺に加担したから、中大兄皇子派の豪族と決めつけられている。しかし、蘇我倉山田石川麻呂が中大兄皇子側についたというのは『日本書紀』の創作である。実際にはそうではなかったことは徐々に明らかにしていこうと思う。

　また、この人事で、政策決定のブレーンとして、国博士《くにはかせ》を採用するが、一人は旻《みん》法師《ほうし》、もう一人は高向史玄理《たかむくのふひとげんり》である。

　この二人は、推古天皇十六年（六〇八）に小野妹子《おののいもこ》と共に遣隋使《けんずいし》として隋に渡っている。すなわち彼らは、聖徳太子や蘇我氏の期待を一身に担った者たちだったのである。

　高向史玄理や旻法師が派遣されたのは、隋《ずい》で完成した新しい法体系「律令」を学び取るためであろう。したがって、聖徳太子や蘇我氏が目指した新体制は、彼らが隋や唐《とう》からもたらした情報を参考に進められたと考えられる。とするならば、孝徳天皇の人事が、蘇我体制の継続であった可能性は高くなるばかりである。

◇蘇我系の孝徳天皇と中大兄皇子の対立

もちろん、このとき中大兄皇子《なかのおおえのみこ》は皇太子に、中臣鎌足《なかとみのかまたり》は内臣《うちつおみ》に任命されているから、「蘇我一色」というわけではない。しかし、この『日本書紀』の証言はじつに怪しい。

孝徳《こうとく》朝で皇太子であった中大兄皇子が孝徳天皇崩御《ほうぎょ》後即位できなかったのも不審《ふしん》であれば、孝徳朝における中大兄皇子の活躍が、孝徳天皇と離れた場所で行なわれていたとしか思えない記述が『日本書紀』には多いのも気にかかる。

たとえば、古人大兄皇子《ふるひとのおおえのみこ》や蘇我倉山田石川麻呂《そがのくらやまだいしかわのまろ》の「謀反《むほん》」という国家の大事に際し、中大兄皇子と孝徳天皇の間でまったくやりとりがなく、そればかりか天皇の許しもなく中大兄皇子が勝手に暴走していたと記録されている。これは、いかにも不自然である。中大兄皇子は、本当に孝徳朝の内部に潜《もぐ》り込めていたのだろうか。

中臣鎌足の就任した「内臣」にしても、大きな矛盾《むじゅん》がある。

孝徳天皇即位前紀には、左右大臣の名をあげたあと、
「大錦冠《だいきむのかうぶり》を以《もつ》て、中臣鎌子連《なかとみのかまこのむらじ》(中臣鎌足)に授《さづ》けて、内臣《うちつおみ》とす」
と記している。

ここにある「内臣」は、それまでに見られなかったもので、この記述を見る限り、左右大臣の次にくる役職と考えられる。内臣は中国では皇帝の寵臣《ちようしん》を指し、王との間にきわめて親密な関係にある者を意味していた。しかし、孝徳天皇と内臣中臣鎌足は、新政権内でまったく言葉を交わしていない。同じ席にいたという記録もない。

中臣鎌足はあくまで中大兄皇子の黒幕なのであって、中臣鎌足が任じられた「内臣」は、「中大兄皇子の寵臣」という意味でしかない。しかし、「孝徳朝の内臣」を厳密に解すれば、「内臣」は孝徳天皇の寵臣なのであって、本来中大兄皇子の寵臣にすぎなかった中臣鎌足を孝徳天皇が内臣として迎え入れるはずはない。「内臣」に矛盾があるとしたのはこの点なのである。

つまり、中大兄皇子の寵臣・中臣鎌足は、中大兄皇子が独自に「内臣」に任命し

たのであって、孝徳天皇と中大兄皇子は、「別の政権」をもっていたのではないか、という疑いが出てくるのである。別の政権は極論にしても、中大兄皇子が「蘇我系の孝徳天皇」とことごとく対立し、たもとを分かっていた疑いはぬぐい去れないのである。

◇呪われた行政改革

孝徳《こうとく》天皇は不運な人である。頼りにしていた蘇我倉山田石川麻呂《そがのくらやまだいしかわのまろ》を中大兄皇子《なかのおおえのみこ》に殺され、また次々に寵臣《ちょうしん》が死んでいる。蘇我倉山田石川麻呂が殺されたのは大《たい》化《か》五年（六四九）三月二十五日だが、その直前の十七日には、左大臣《さだいじん》阿倍内麻呂《あべのうちまろ》が亡くなっている。

孝徳天皇は葬儀に参列し、大声で泣いている。「挙哀《みねたて》たまひて慟《まど》ひたまふ」という文面からは、孝徳天皇の素直な悲しみが伝わってくる。この不幸の隙《すき》をついて、蘇我倉山田石川麻呂が滅亡に追い込まれたわけだが、それはともかく、白雉《はくち》四年（六五三）には、次のような記事がある。

旻法師《みんほうし》が死の病《やまい》に冒されると、孝徳天皇は病床を見舞い、旻法師の手を取り、「もし法師が今日亡くなられたら、私も明日死のう」

といい放ったという。孝徳天皇がこのような弱気な発言をしたのにはわけがある。

この年、中大兄皇子は「飛鳥《あすか》に都を戻しましょう」と孝徳天皇に献策《けんさく》したが、天皇はこれを許さなかった。すると中大兄皇子は、皇族の主だった者たちをみな飛鳥に移してしまったのである。その中には、中大兄皇子の妹で孝徳天皇の正妃《せいひ》であった間人《はしひと》皇后も含まれていた。朝廷の役人たちもみな飛鳥に移り、孝徳天皇は一人都に残され、ここで憤死《ふんし》する。

このとき孝徳天皇は間人皇后に、次のような歌を贈ったと『日本書紀』はいう。

鉗着《かなきつ》け　吾《あ》が飼《か》ふ駒《こま》は　引出《ひきで》せず　吾が飼《か》ふ駒を　人見つらむか

［現代訳］鉗（逃げないように首にはめておく木）をつけて私が飼っている駒は（どうしたろう）。厩《うまや》から引き出しもせずに私が大事に飼っている駒をどうして他人が見たのだろう。（『日本書紀』日本古典文学大系　岩波書店）

岩波書店の『日本書紀』の頭注は、「愛する間人皇后が中大兄皇子と心を合わせて大和に去ったことを嘆じた歌」とする。

それは、『日本書紀』にこの歌が「間人皇后に贈った」と書かれていること、さらに、「見る」という言葉が男女の仲を表現する言葉だからである。しかし、零落《れいらく》した男の悲嘆《ひたん》を、たんなる恋の歌と決めつけるのは、短絡《たんらく》がすぎるきらいがある。孝徳天皇が飼っていたという駒は、なにも間人皇后とは限らない。孝徳天皇が大切にもちつづけた「新たな枠組みをつくろうとする強い意志と希望」でもよいわけである。

それを間人皇后だというのはあくまでも『日本書紀』の見解であって、これを頭から信じ、孝徳の悲嘆を矮小化《わいしょうか》する必要はどこにもないではないか。

状況は、孝徳天皇が次々と追い込まれ、寵臣が倒れていった直後のことであり、しかも、孝徳天皇は完璧に孤立してしまったのである。

たしかに、皇后に裏切られれば、それを嘆くのは当然である。しかし、「男子の本懐《ほんかい》」というものを想定すれば、孝徳天皇の心情は、失恋による傷心だけで語れるものではない。

こうしてなんの先入観ももたずに孝徳天皇紀を読めば、孝徳天皇の蘇我《そが》系の寵臣が中大兄皇子の手で次々に葬《ほうむ》り去られ、蘇我系皇族の聖徳太子以来守られてきた

「行政改革への取り組み」がいったん頓挫《とんざ》した、ということになる。蘇我入鹿暗殺も、中大兄皇子の「改革潰《つぶ》し」の一つの過程にすぎなかった、ということである。したがって遠山美都男《みつお》氏の推理は否定せざるを得ない。

孝徳天皇が大切に守りつづけてきたものは、まさに、この「蘇我の改革事業」なのであって、それが歌にある「駒」だったということになる。だからこそ、孝徳天皇の亡骸《なきがら》は、聖徳太子ら蘇我系皇族の眠る「王陵《おうりょう》の谷《たに》」に葬られたのである。

中大兄皇子が躍起になって「蘇我政権」を打倒した後に求めたものは、「行政改革」ではなく、たんなる「私利私欲」にすぎなかった。

もし、中大兄皇子や中臣鎌足がこれまで考えられてきたような「英雄」でなかったとしたら、乙巳《いっし》の変《へん》とその後の改革潰しは、古代日本の悪夢であり、呪《のろ》われた行政改革といえるのではあるまいか。

そこで次章では、中大兄皇子の本心と正体を、見極めていこうと思う。

第三章

二つの日本の死闘

コラム

ノモンハン事件の教訓を生かせなかったのはなぜだろう。なぜ日本の陸軍は、貴重な敗北の体験を無視し、忘却しようとつとめたのであろう……。ノモンハン事件にかかわらず戦時中の日本軍は、「失敗するはずがない」という信仰をもちつづけていたように思われる。失敗するはずがないのだから、敗北しても、自《みずか》らの誤りを認めようとはしなかった。

敗戦の直前の昭和二十年（一九四五）七月、日本はポツダム宣言を通告され無条件降伏を迫られたが、軍部の圧力で政府はこれを黙殺した。この結果、広島に原爆が投下されたのである。

この直後、原爆の被害状況を視察した陸軍の幹部は、信じられないような報告を行なっている。「被害はたいしたことはない」というのである。いったい、彼らはどんな精神構造をしていたのだろう。

要は軍部の自己保身がすべての原因であろう。ポツダム宣言黙殺は明らかな判断ミスであり、原爆の被害が微少といわなければ、責任を免れなかったのだ。

このため、二つ目の原爆が長崎に落とされるにいたった。この経過を思い出すたびに、はらわたが煮えくりかえるような怒りがこみ上げてくるのである。では、なぜ彼らはそこまでして自己保身に走ったのだろう。この問いかけは、今日の行政改革にも多くの示唆《しさ》を与えているのではあるまいか。

バブルの崩壊後も各省庁は国益を顧みず、省益《しょうえき》のみを優先してきた。「キャリア組」という「失敗をしない」エリート層は自己保身を繰り返し、旧態《きゅうたい》依《い》然《ぜん》としたシステムを崩そうとはしなかったのだ。

なぜ失敗が許されないのか……。そうではなく、「失敗をしない・させない」システムができあがっている、という指摘がある。

各省庁の「キャリア」は特権階級であり、一代貴族という自覚をもっている。しかも、この「貴族社会」は、身内だけに通用するシステムを堅持しているというのである。それが早期退職システムで、このあたりの事情を川北隆雄氏は次のように指摘している。

「官僚機構のピラミッド型構造は必然的に出世競争の敗者を生む。同時に、「脱落者」を出してもいけないのである。この二律背反《にりつはいはん》を克服するための手

段が『早期退職システム』なのだ」(『官僚たちの縄張り』新潮選書)

つまり、いちど「キャリア」となった特権階級の人々は、「キャリア」という階級を「身内」と見なし、「階級」全体を守るという非生産的な活動に専念するわけである。したがって、「身内」の中から、「失敗する者」を出してはいけないのである。なぜなら、彼らは特権階級だからであり、特権階級の人間が間違いを犯せば、「特権階級」という幻想そのものが崩れるからであろう。権威の失墜こそ、彼らがもっとも恐れる事態なのである。

旧日本軍の奇怪な生態も、官僚特有の「身内の論理」を当てはめることで、謎《なぞ》は解けるのではあるまいか。

そしてこのような「身内の論理」は、明治時代に起因する薩長藩閥《さっちょうはんばつ》や、東京帝国大学という新たなエリート層・学閥が生み出したものといえよう。

ただし、その根はだいぶ深そうである。乙巳《いっし》の変《へん》で活躍した中臣鎌足《なかとみのかまたり》の末裔《まつえい》・藤原《ふじわら》氏は平安時代、藤原の天下を完成させ、藤原氏という特権階級だけが繁栄するシステムを、すでに構築していたのである。どうやら、大化改新《たいかのかいしん》は、思わぬところでわれわれの生活と結びついているようである。

◇中大兄皇子を襲う不審火

何度も触れたように、律令《りつりょう》の先鞭《せんべん》をつけたのは聖徳太子である。その聖徳太子は、憲法十七条の中で、王の言葉には謹《つつし》めといい、いっぽうで、「和《わ》を以《もっ》て貴《とうと》しとし」といい、また、大事を決定するに際しては独断は禁物《きんもつ》と戒《いまし》めた。

これらを総合すれば、聖徳太子は建て前上は大王《おおきみ》（天皇）を中心とする中央集権国家を目指したものの、その実体は豪族層の合議制《ごうぎせい》を重視した国家を目指そうとしていたのではないかと指摘しておいた。

豪族の私有民を禁止し、すべての土地をいったん王のものにしようと企て、これを急いだのは、豪族だけが栄えて国が滅びるようなシステムをつづけていては、激動の東アジアで取り残されるという焦《あせ》りがあったからであろう。つまり、律令とは民衆に平等に土地を分け与えるいっぽう、国の力を充実させることが最大の目的だったにちがいない。だからこそ、民衆の多大な支持を得て、その有様が、誇張されて「聖者・聖徳太子」という形で『日本書紀』に記録されたものと考えられる。

これに対して、聖徳太子の理想を継承したとされる中大兄皇子《なかのおおえのみこ》の場合、どうにも様子がおかしい。

どうした理由からか、乙巳《いっし》の変《へん》の後、中大兄皇子の周辺では、不審火《ふしんび》が絶えなかった。それは、この人物の「不人気」と密接にかかわっているように思える。

大化《たいか》三年（六四七）十二月には、

「是《こ》の日《ひ》に、皇太子の宮《みや》に災《ひ》けり。時の人、大きに驚《おどろ》き怪《あや》しむ」

とあり、斉明《さいめい》天皇元年是《この》冬の条《じょう》には、斉明天皇の「飛鳥板蓋宮《あすかいたぶきのみや》に災けり」と記録されている。また、斉明二年九月「岡本宮《おかもとのみや》に災けり」、天智《てんじ》六年三月には近江遷都《おうみせんと》があり、そのとき、人々は不満をあらわにし、「日日《ひる》夜夜《よる》、失火の処《ところ》多し」とある。天智八年（六七五）十二月、中臣鎌足《なかとみのかまたり》が死に、皇位継承問題が浮上するころになると、「大蔵《おおくら》に災けり」、この年の冬には、「時に、斑鳩《いかるが》寺に災けり」、翌年夏四月には、「夜半之後《あかつき》に、法隆寺に災けり。一屋《ひとつのいえ》も余《あま》ること無《な》し」と不穏な空気を暗示した記述は枚挙《まいきょ》にいとまがない。

中大兄皇子（天智天皇）の活躍した時代に、中大兄皇子にまつわる場所がしきりに燃えたのは偶然なのであろうか。「宮に災けり」というのは、たんなる失火にすぎないのであろうか。

ところが、具体的に、中大兄皇子の宮を燃やしてしまえ、といい放った人物がいたことが『日本書紀』には記録されている。それが蘇我倉山田石川麻呂《そがのくらやまだいしかわのまろ》の長子の興《こご》

志《し》で、孝徳《こうとく》大化五年（六四九）三月に、

「意《こころ》に宮《みや》を焼《や》かむと欲《おも》ふ」

といっている。ここにある「宮」は文脈上、中大兄皇子の宮であり、中大兄皇子の身辺で変事が相次いでいたことが分かる。なぜ中大兄皇子の宮が狙われたのだろう。

◇民衆の心を逆なでしていた中大兄皇子

いうまでもなく、中大兄皇子《なかのおおえのみこ》は乙巳《いっし》の変《へん》最大の功労者であった。それにもかかわらず、実権を握るのは、だいぶ薹《とう》がたってからのことだった。孝徳《こうとく》天皇の崩御《ほうぎょ》後、母・斉明《さいめい》が即位したころから、ようやく中大兄皇子の好き勝手ができるようになったのである。

中大兄皇子の本当の活躍は、斉明朝以降であったといっても過言ではなかったのである。

ところで斉明天皇の時代といえば、近年飛鳥《あすか》で興味深い遺跡が見つかっている。

それが新亀石《かめいし》で、有名な「酒船石《さかふねいし》」の近くから発見され、話題をさらったことは記憶に新しい。

道教《どうきょう》思想に彩られたこの遺跡は、『日本書紀』に記された斉明朝の「常軌《じょうき》を逸《いっ》した土木工事」を証明していたのである。

斉明二年（六五六）是歳《このとし》の条《じょう》には、次のようにある。

斉明天皇は土木工事を好み、飛鳥の天香具山《あまのかぐ》山から石上山《いそのかみ》（奈良県天理市《てんり》石上神社付近）にいたる長大な溝を掘り、舟二百艘《そう》をもって石上山の石を積み、飛鳥の東側の高台に石垣を築いたという。飛鳥の新亀石とこれに伴う遺構が、まさにこの記述と合致したのである。

それはともかく、このときの工事に対し民衆は「狂心《たぶれごころ》の渠《みぞ》」と罵《ののし》り、「造ったそばから壊れるだろう」とあざ笑ったという。そして、これらの記述が事実であったことを、考古学は証明してみせたわけである。

それにしてもいったいなぜこの時期、なにを目的に、人々の顰蹙《ひんしゅく》を買うほどの常識破りの土木工事が強行されたのであろう。

その正しい理由は次章で解き明かすが、ここで問題にしておきたいのは、民衆のいらだちが、斉明天皇ではなく、中大兄皇子に向けられたのではなかったか、とい

酒船石　酒・油などの沈殿用か。用途は分からない（奈良県明日香村）

うことである。

だいたい、斉明天皇にどれほどの力があったというのだろう。

『日本書紀』を読む限り、乙巳《いっし》の変《へん》に際しても、この女帝に前もってクーデターの情報は入っていなかったことが分かる。すべては中大兄皇子と中臣鎌足《なかとみのかまたり》の謀略によって事は進められたのであり、女帝はただただうろたえるだけであった。その様子からしても、斉明天皇はおそらく中大兄皇子のいいなりであったにちがいない。斉明天皇亡き後、中大兄皇子（天智《てんじ》天皇）に対し、民衆の罵声《ばせい》が浴びせられつづけたことからもはっきりしている。

そこで中大兄皇子に注目してみると、この後、中大兄皇子の民衆の心情を逆なでするような行為は、異常な土木工事だけではなかったことに気づかされる。それが、無謀な百済《くだら》遠征だったのである。

朝鮮半島南部の百済は、五世紀以来、「倭国《わこく》」にとってかけがえのない国であった。そこは中国大陸への通り道であり、多くの文物《ぶんぶつ》が百済を経由して日本にもたらされたのだ。そして百済から見ても、倭国の重要性は変わらなかった。

北方の騎馬民族国家高句麗《こうくり》は、つねに南下政策を採っていたから、百済はその圧迫をはねつけるために、時には新羅《しらぎ》と結び中国大陸に救援を求めたが、もっとも頼りにしたのは、倭国の軍事力にほかならなかった。

倭国にしても、高句麗の南下によってところてん式に百済が押し下げられ、同盟国伽耶《かや》が衰弱することを避けねばならなかったから、利害は一致していたのである。伽耶は貴重な鉄産出国であり、倭国繁栄のための重要拠点だった。この結果、五世紀、倭国は盛んに半島に軍事介入を試みた。この様子は、広開土王碑文《こうかいどおうひぶん》に詳しい。

◇乙巳の変のもう一つの要因「外交問題」

ところが中大兄皇子《なかのおおえのみこ》の時代、百済は滅亡の危機に瀕《ひん》していた。最大の原因は東隣の新羅《しらぎ》が急速に発展してきたことで、これに対抗するために百済は高句麗と結び、ここに東アジアをめぐる新たな図式が生まれた。新羅・唐《とう》と、百済・高句麗の戦いが切って落とされたのである。

歴代中国王朝の頭痛の種は、高句麗に代表される北方の騎馬民族であった。中国は高句麗を牽制《けんせい》するために、朝鮮半島の百済や新羅に加勢し、いわゆる遠交近攻《えんこうきんこう》政策をもって対処していた。百済と新羅のバランスがとれていた時代はうまくいっていたこの方策も、百済が衰弱したことによって、変更を余儀なくされる。

転機が訪れたのは、ちょうど中国王朝が隋《ずい》から唐に変わったころ（西暦六一八）であった。いったんは高句麗・百済・新羅それぞれが唐に朝貢《ちょうこう》し、平和が訪れたと思われた。じかし、新羅が高句麗と百済に封じ込められていると唐に訴え出たところから、唐は高句麗と百済を危険視し、新羅を味方に引き入れるようになっていったのである。

中国・百済・新羅と高句麗の反目《はんもく》という図式が、中国・新羅と高句麗・百済の対立という図式に変化したわけだ。

高句麗や百済の新羅侵略に対し、西暦六四四年、ついに唐は高句麗征討に乗り出す。この戦いは、西暦六四八年に唐の皇帝・太宗《たいそう》が亡くなるまでつづけられた。

乙巳《いっし》の変《へん》が起きた西暦六四五年とは、こういう時代であった。そして注目すべきは、日本側の姿勢である。

五世紀・六世紀のヤマト朝廷ならば、間違いなく百済救援の兵を繰り出したにちがいない。しかし、聖徳太子が実権を握ったころから、ヤマト朝廷は、「百済のための出兵」を見送りはじめている。

聖徳太子がとった外交政策は、百済一極外交の是正《ぜせい》であったように見受けられる。太子の目は、朝鮮半島の先の中国大陸に注がれていて、だからこそ、遣隋使《けんずいし》を派遣し、律令《りつりょう》制度を直接隋から学び取ろうとしたのであろう。この外交方針を、蘇我《そが》氏も継承していたようで、彼らはそれまでの百済一辺倒ではなく、新羅とも友好関係を結び、全方位型《ぜんほういがた》外交を目指していた可能性が高い。少なくとも朝鮮半島への軍事介入を極力避けたいというのが本心ではなかったか。

じつをいうと、このような国際情勢が、乙巳の変に暗い影を落としていた疑いが強い。

乙巳の変の入鹿《いるか》暗殺を唯一嘆いた古人大兄皇子《ふるひとのおおえのみこ》は、自宅に戻ると、

「韓人《からひと》、鞍作臣《くらつくりのおみ》（蘇我入鹿）を殺しつ。吾が心痛し」

と絶叫している。「蘇我入鹿が韓人に殺された。胸が張り裂けそうだ」というのである。

この一節には注が挿入されていて、そこには、「韓政《からのまつりごと》に因《よ》りて誅《ちゅう》せらるるを謂《い》ふ」とある。すなわち、外交問題をめぐる内紛があった、といっているわけである。また、古人大兄皇子が叫んだ「韓人」とは、朝鮮半島の人を指し、狭くは百済人を指した。

このような背景を探っていくと、実権を手中にした中大兄皇子が民衆の罵倒《ばとう》を無視してまで百済遠征にこだわりつづけた姿勢は、西暦六四五年以来の宿願だったと考えることで、乙巳の変の最大の争点というものが明らかになってくるのではあるまいか。それは「律令」云々《うんぬん》ではなく、百済を救援しようとしない蘇我政権に対し、親百済派の皇族・中大兄皇子が反旗《はんき》を翻《ひるがえ》したものなのではあるまいか。

それにしてもなぜ、飛鳥《あすか》の朝廷を二分するような外交政策の格差が生まれてしまったのだろう。

このあたりの事情をより深く理解していただくためには、五世紀以来つづいた大王家と豪族層との朝鮮半島をめぐる壮絶な戦いというものを知っておかなくてはならない。

◇暴君・雄略天皇の「百済重視」という選択

五世紀の倭《わ》の五王の出現は、三世紀に誕生したヤマトの王権の歴史にとって、一つの画期となった。しきりに朝鮮半島に軍事介入し、中国大陸からしだいにその存在意義を認められたからである。そして、当時緊密な関係にあった伽耶《かや》から、新しい鉄製農具や灌漑《かんがい》技術といった先進の文物《ぶんぶつ》が日本に流入した。これを、ヤマト朝廷が管理し、地方に分け与えることで、王家の求心力を高めることができた。

ところが、倭の五王最後の武《ぶ》、つまり『日本書紀』のいうところの雄略《ゆうりゃく》天皇が増長し、独裁権力を望み暴走してしまったことで、ヤマトに混乱が起きてしまったようなのだ。

雄略天皇は本来、皇位継承候補ではなかった。それにもかかわらず皇位につけたのは、身内の有力皇族をクーデターによって次々と倒していったからである。皇族だけでなく、当時最大の勢力を誇っていた円大臣《つぶらのおおおみ》も被害にあった。円大臣は、彼を頼って逃れてきた皇子をかくまって、雄略天皇の兵に館を囲まれ、滅亡している。

ちなみに、この円大臣とは奈良盆地西南部の葛城《かつらぎ》山一帯に地盤をもっていた一族・葛城氏である。

　また雄略天皇は、ヤマト最大の聖地・三輪山《みわ》の神を冒瀆《ぼうとく》し、さらには、葛城山の一言主神《ひとことぬしのかみ》を追放しているから、一種の改革者といえないこともなかった。実際、部民制《べみんせい》は雄略天皇のころにはじまったとされているから、よくいえば、中世の織田《おだ》信長《のぶなが》的性格をもっていたのかもしれない。しかし、豪族層や民衆の評判はすこぶる悪かった。それまでの豪族層の合議制《ごうぎせい》をはじめて否定しようとしたのが、この天皇だったからであろう。この天皇に従う者は、渡来系の二、三の豪族だけだったと『日本書紀』は証言している。また、『日本書紀』にはめずらしく、この天皇が「はなはだ悪い天皇だ」と人々に罵《ののし》られていたと記している。

　雄略天皇は国内での劣勢を、外交によって挽回しようとした気配がある。雄略天皇紀五年（四六〇）夏四月の条《じょう》には、百済《くだら》の蓋鹵王《がいろおう》が、それまで日本に女人を送りつづけていたのを改め、弟の昆支《こんき》を日本に向かわせ、天皇に仕えさせたという。

　雄略二十三年（四七八）に百済の文斤《もんこん》王が亡くなると、雄略天皇は昆支と共に来日していた昆支の次男・末多《また》王に五百人の護衛兵をつけて百済に送り返した。そして誕生したのが東城《とうせい》王であったという。まるで雄略天皇が百済の王を決めたかのような書きぶりだが、おそらく『日本書紀』の文飾であろう。ただし、百済と日本の大王家が、雄略天皇の時代から急接近したのは確かなことである。

◇日本と朝鮮半島を二分する動き

また、少し時間が遡《さかのぼ》り、雄略《ゆうりやく》天皇二十一年（四七六）、高句麗《こうくり》に敗れ多くの王族と領地を失った百済《くだら》に対し、雄略天皇は任那《みまな》（伽耶《かや》）の一部を与えたとある。これは与えたのではなく、百済の一方的な侵略だったのではないかともいわれているが、これを雄略天皇が黙認したことは間違いない。伽耶とヤマト朝廷の長年にわたる友好関係と信頼関係は、ここに大きく揺らいでしまうのである。

要するに、雄略天皇は、親百済主義を貫くことで、国内での弱い立場を立て直そうとしたのであろう。しかし、この選択が、六世紀までつづくヤマト朝廷の混乱をつくりだしてしまったといっても過言ではなかった。独裁王権の確立を目指す大王家は百済とつながり、これに対して豪族層の合議制《ごうぎせい》に固執《こしつ》する勢力が伽耶と結びついた疑いが強いからである。

この結果、日本と朝鮮半島を二分する勢力間の暗闘が展開されるにいたる。継体《けいたい》六年（五一二）、百済は日本に使者を派遣し、任那の四つの県《あがた》（全羅南道《ぜんらなんどう》地域）を割譲《かつじょう》できないかともちかけてきた。

この地域は五世紀後半から六世紀にかけての前方後円墳《ぜんぽうこうえんふん》が発見されることで知ら

れているから、少なからず日本の影響力が及んでいた場所なのであろう。とはいっても、伽耶の領土の割譲を、日本が認める認めないの問題ではなかったはずだ。このときの百済とヤマト朝廷のやりとりも、百済の伽耶侵攻を黙認したということであろう。ヤマト朝廷は、百済の伽耶への野望に対しては寛大であった。反対に新羅《しらぎ》の伽耶進出には過剰な反応を示すのも、このころのヤマト朝廷の特徴だった。

しかし、これだけで百済の侵略は収まらなかった。継体七年（五一三）からは、百済はさらに東に向かい、大伽耶（伽耶諸国の中の中心的存在で、いくつもの国の集合体。その中心が伴跛《はへ》）は百済の動きに反発し、ヤマト朝廷に救援を求めたが、ヤマト朝廷は百済に加担している。

勢いを増した百済の進撃は止まらず、継体十六年（五二二）には、大伽耶の軍事・交易上の拠点であった海岸地帯（多沙津《たさつ》）を占領し、大伽耶を震撼《しんかん》させた。このため、大伽耶は東隣の新羅に急接近した。この一連の動きが、この後の半島情勢に多大な影響を及ぼすこととなる。

継体二十三年（五二九）には、新羅はやはり伽耶諸国の一つである金官《きんかん》国に攻め込み、恐れをなした金官国西隣の安羅《あら》が日本に救いを求めている。ヤマト朝廷は安羅に兵を派遣したが、失敗。継体天皇崩御《ほうぎょ》の翌年の西暦五三二年に、金官国は新羅の軍門《ぐんもん》に降り、いよいよヤマト朝廷はピンチに立たされた。百済と新羅が安羅近辺で対峙《たいじ》、伽耶の滅亡は時間の問題となった。また、ヤマト朝廷の朝鮮半島に対する影響力は低下するいっぽうであった。

そしてここからいよいよ、任那日本府が登場する。

任那日本府とは、安羅に置かれたヤマト朝廷の任那（伽耶）支配の拠点と考えられてきた。しかし、このような機関が実際に存在したのか否か、じつに怪しいというのが今日的解釈といっていいだろう。だいたい「日本」という国号は、この当時まだ使われていなかった。しかも、朝鮮半島南部の伽耶を日本が支配していたという記事こそ間違いではないか、とする説もある。

しかし、当時の伽耶と日本が同盟関係にあったことは間違いなく、したがって、「大使館」的な施設をもっていたことは認めてもいいのではあるまいか。ただ、この「任那日本府」が、ここから天皇家に造反《ぞうはん》していくから奇怪なのだ。

◇六世紀の大王家と豪族層の対立

さて、欽明《きんめい》天皇二年（五四一）四月、百済《くだら》は安羅《あら》とその周辺国と任那日本府《みまなにほんふ》の役人を集め、欽明天皇の任那復興の詔《みことのり》を示し、団結を呼びかけた。ところが同年七

挂甲（肩にかけて着る甲）をつけた武人と鎧をつけた馬（高句麗時代の古墳壁画）

月、任那日本府が新羅《しらぎ》と謀略をめぐらしたため、百済が使者を送り込み、首謀者を激く責め、罵《ののし》ったとある。

欽明天皇五年（五四四）二月、欽明天皇と百済は任那日本府に任那復興を呼びかける。いわゆる任那復興会議である。ところが、肝腎《かんじん》の任那日本府が、ヤマト朝廷の三度にわたる働きかけを無視してしまうのである。

それでも同年十一月、百済を中心に会議は開かれ、安羅と新羅の紛争地帯を流れる洛東江《らくとうこう》付近に城を築き、日本から派遣されていた三千の兵と百済の兵が駐屯《ちゅうとん》することが決せられた。しかし、欽明天皇九年（五四八）、思わぬ事態が半島を揺るがした。高句麗《こうくり》が南下をはじめ、百済を襲ったのである。このとき、任那日本府と安羅が百済救援に向かわなかったので、不審《ふしん》に思った百済が高句麗の捕虜に問いただしたところ、驚くべき証言を得た。任那日本府と安羅が密使を送り込み、百済侵攻を高句麗にそそのかしていた、というのである。

これを知った欽明天皇は、「デマに決まっているから、信じてはならない」と否定しているが、『日本書紀』を読む限り、任那日本府の百済に対する根強い不信を感じずにはいられない。窮地に立たされた安羅が任那日本府と共に、高句麗に救援を求めた可能性はまったく否定できないのである。

このような混乱を経て、欽明二十三年（五六二）に伽耶《かや》諸国はついに新羅に併呑《へいどん》され、滅亡する。

それにしても不可解なのは、任那日本府の動きである。ヤマト朝廷の出先機関であるはずの任那日本府が、なぜヤマト朝廷の命令に従わなかったのだろう。しかも、ヤマト朝廷から任那日本府への命令が、いちど百済を経由していることも謎《なぞ》に拍車をかける。

ここで五世紀の雄略《ゆうりやく》天皇の「不人気ぶり」と、その対策としての百済接近という歴史を思い返すことで、一つの仮説が得られる。

すなわち、独裁志向の大王家が百済と密接につながってしまったのに対し、窮地に立たされ反発した豪族層は、伽耶と連帯し、レジスタンスをはじめたのではなかったか。

すなわち、任那日本府とは、五世紀から六世紀の大王家と、それに対抗するヤマト豪族という「二つの日本」の実態をごまかすために『日本書紀』の編者が編み出した隠《かく》れ蓑《みの》だったのではないかと思えるのである。

これに付け加えるならば、七世紀の蘇我《そが》氏と中大兄皇子《なかのおおえのみこ》の対立の図式も、まさに五世紀以来繰り広げられてきた大王家と豪族層の闘争の残像そのものだったのではないか、ということなのである。

そして、このような大王家と豪族層の対立の中心的役割をなしつづけてきたのが、蘇我系豪族であったという事実が重要な意味をもってくる。

雄略天皇のクーデターで滅ぼされた円大臣《つぶらのおおおみ》は、当時最大の勢力を誇った一族であり、この人物が葛城《かつらぎ》氏出身であったことはすでに触れた。この葛城氏の祖は武内宿禰《たけのうちのすくね》で、蘇我氏同族なのである。

葛城氏は雄略天皇の時代に衰弱するが、これに代わって登場するのが平群《へぐり》氏で、やはり武内宿禰の末裔《まつえい》氏族である。この平群氏が、葛城氏とそっくりな運命をたどっている。

◇蘇我氏受難の真意

第二十五代武烈《ぶれつ》天皇が即位する直前のことである。蘇我系豪族平群《へぐり》氏はこの当時、天皇家（大王家）を圧倒する力を蓄えつつあった。大臣《おおおみ》平群真鳥《まとり》は、国政を牛耳《ぎゅうじ》り、王権に食指をのばしていたという。太子（のちの武烈天皇）のために宮殿をつくると偽り、できた宮に居座り、臣下《しんか》のわきまえを失っていた。

そんな折も折、武烈は物部《もののべ》氏の女人・影媛《かげひめ》を娶《めと》ろうとした。ところが、影媛はすでに真鳥の子の鮪《しび》と通じていたので、武烈の申し出を断ってしまったのである。するとと武烈は兵を差し向け、鮪を殺してしまう。影媛は鮪の死を嘆き、武烈に従うことはなかった。

さらにこののち、武烈は兵を差し向け、鮪の父・平群真鳥の邸宅を囲み、一族を滅亡に追い込む。

『日本書紀』は、あくまでも平群氏に非があったといいたいのだろうが、影媛の悲しみぶりから見て、横恋慕《よこれんぼ》をしたのが武烈天皇のほうであったことは明らかである。

ところで、武烈天皇には奇妙な性癖《せいへき》があった。人を苦しめることに喜びを感じたという。妊婦《にんぷ》の腹を切り裂いて、胎児《たいじ》を取り出してみたり、人の生爪《なまづめ》をはがしたうえで芋《いも》を掘らせたり、池に突き落とした人が浮かび出たところを矛《ほこ》で刺し殺す、といった具合である。天下が飢えているときも、寒さで震えているときも、武烈天皇は贅沢三昧《ぜいたくざんまい》にふけり、酒池肉林《しゅちにくりん》を繰り広げたという。

このため、人々は武烈天皇を指して、「悪《あ》しき天皇」と罵《ののし》ったというのである。

しかし、これらは実話ではなく、この後に現れる継体《けいたい》天皇の「王朝交替」を正当化するための舞文《ぶぶん》であったとする見方が有力である。その可能性は低くない。

しかしここで問題にしたいのは、すでに雄略《ゆうりゃく》天皇も「悪しき天皇」と罵られていることであり、葛城《かつらぎ》氏や平群氏といった二つの蘇我《そが》系豪族が「悪しき天皇」に成《せい》敗《ぱい》されていたことに強い因縁を感じずにはいられないのである。

そして、雄略天皇が積極的に親百済《くだら》外交を展開し、この結果伽耶《かや》（任那《みまな》）が衰弱、六世紀、朝鮮半島をめぐって、「二つのヤマト」の思惑《おもわく》が激突し、任那日本府という奇怪な現象が生じてしまっていた。

つまり、百済との連帯によって「強い政権」を維持しようとする大王家と、伽耶を後押しし、合議制《ごうぎせい》を死守しようとする豪族層の暗闘が繰り広げられたのではないか、ということなのである。

伽耶諸国が、滅亡にいたるまで一つの国家とならず緩《ゆる》やかな連合を貫いたのは、彼らが「交易国家」であり、「強い王権」の誕生を忌《い》み嫌《きら》ったからにほかなるまい。この点、合議制を守ろうとしたヤマトの豪族層と伽耶諸国は、理念の一致を見ていたはずなのである。

こうして見てくると、『日本書紀』のいうところの武烈天皇の悪政と継体天皇の出現は、蘇我系豪族の勝利を意味していた疑いが出てくる。継体天皇の出現後、蘇我氏が勃興《ぼっこう》し、用明《ようめい》天皇・推古《すいこ》天皇・聖徳太子という蘇我系皇族が出現した。彼ら蘇我系の皇族たちは、独裁王権を目指す旧王家からの脱皮を図ったのではなかったか。だからこそ聖徳太子は、百済一辺倒の外交政策を見限り、隋《ずい》との国交を樹立し、さらに蘇我氏主導のもと、新羅《しらぎ》とも友好関係を構築することに成功するのである。

そこで思い出されるのが、乙巳《いっし》の変《へん》の蘇我入鹿《そがのいるか》暗殺後の古人大兄皇子《ふるひとのおおえのみこ》の慟哭《どうこく》なのである。そこには、蘇我入鹿が「韓人《からひと》」に殺されたとあり、この「韓人」とは、「韓政《からのまつりごと》=朝鮮半島をめぐる外交問題」のことだと注が示されていた。とするならば、蘇我入鹿は五世紀来のヤマト内紛の延長線上で殺された疑いが強くなるのではあるまいか。そしてそうであるならば、蘇我入鹿が罪なくして殺されたことになり、だからこそ祟《たた》って出た意味が分かってくるのである。

いっぽう、親百済外交の復活を目論《もくろ》んだ中大兄皇子《なかのおおえのみこ》にすれば、百済が滅亡の危機に瀕《ひん》した七世紀半ば、クーデター以外に、朝廷の外交政策を転換させる手だてはないと考えたのだろう。そしてターゲットとなったのは、蘇我本宗家《ほんそうけ》の首領・蘇我入鹿だった……。

そう考えれば、すべての謎《なぞ》は解けるのである。実権を握った中大兄皇子が民衆の罵倒を無視し、無謀な百済救援の兵をかき集めたのは、乙巳の変の目的が律令《りつりょう》制度云々《うんぬん》などではなく、「古き良き時代の強い王権」の復活であったからにほかならない。その実現のためには百済を滅ぼすわけにはいかなかったのだ。そしてこのような経緯《いきさつ》を、八世紀の藤原不比等《ふじわらのふひと》は正史に残すわけにはいかなかったのである。

◇中臣鎌足の謎

そこで新たな謎となるのが、中臣鎌足《なかとみのかまたり》という男である。

なぜ一豪族にすぎなかった中臣氏は、「強い王権」を目指す中大兄皇子《なかのおおえのみこ》を強力にバックアップしたのであろう。それだけではない、中臣鎌足の末裔《まつえい》・藤原《ふじわら》氏は八世紀に他の豪族を追い落とすと、藤原氏の一党独裁体制の確立を目指すのである。

一つの氏から一つの参議官という七世紀までの不文律《ふぶんりつ》さえ無視し、藤原一族で朝《ちょう》堂《どう》を独占しようとしたのである。このような暴挙は、七世紀に飛ぶ鳥を落とす勢いであったとされる蘇我《そが》氏でさえ突き抜けられなかった壁であった。

もっとも、蘇我氏に対する一般の認識とは裏腹に、合議制《ごうぎせい》を守ろうとしたのが蘇我氏なのであって、彼らが合議を尊重したことは、山背大兄王《やましろのおおえのおう》と田村皇子《たむらのみこ》の皇位継承問題の場面での蘇我蝦夷《えみし》の行動によってよく分かる。

いわば、藤原(中臣)氏がヤマト朝廷の歴史の中で異端児なのであって、その正体もはっきりと分かっていない。

中臣氏の祖神《そしん》は「記紀《きき》」神話に現われる天児屋命《あめのこやねのみこと》で、天《あま》の岩戸《いわと》神話で祝詞《のりと》をあげる役回りを演じている。そしてその後の中臣氏は、宮廷祭祀《さいし》の中心的存在に位置していたと思われる。

ところが、それほど重要な豪族であったはずの中臣氏なのに、『古事記』の中では、天児屋命の活躍ののち、ぱったりと姿を消してしまうのである。『日本書紀』には、まだ若干の活躍は見られる。ところがいっぽう、肝腎《かんじん》の中臣鎌足は、系譜も何も分からないまま、忽然《こつぜん》と歴史に姿を現わしているのである。『日本書紀』における中臣鎌足の初見は皇極《こうぎょく》三年(六四四)のことだ。蘇我入鹿

藤原(中臣)鎌足誕生地　奈良県明日香村にその碑がある

が山背大兄王一族を滅亡に追い込み、騒然とした場面で、無位無冠の中臣鎌足《なかとみのかまたり》が神《じん》祇《ぎ》伯《はく》に任命され、これを固辞した、という記録である。

そしてここから、中臣鎌足は中大兄皇子と結びつき、乙巳《いっし》の変《へん》へと邁進《まいしん》していくのである。なぜ中臣鎌足は、突然政界の混乱の中に身を置いたのであろう。まったく無名であったろうこの人物を、なぜ中大兄皇子は重用《ちょうよう》したのだろうか。

ところで、中臣鎌足の正体を明かすには、すこし遠回りをしなくてはならない。中臣氏が大きくかかわってきた「神道《しんとう》」と、天皇家が恐れつづけ祀《まつ》りつづけた「出《いず》雲《も》」の関係を知っておく必要があるからだ。

◇斎部（忌部）氏の憤慨

中臣《なかとみ》氏と共に神道祭祀《しんとうさいし》に重要な役割を演じた一族に斎部《いんべ》（忌部《いんべ》）氏がいる。中臣氏同様、神話の時代からつづく名門の一族だった。

平安時代初期の大同《だいどう》二年（八〇七）のこと、斎部広成《ひろなり》は『古語拾遺《こごしゅうい》』を献上している。この文書は大化改新《たいかのかいしん》以後、神道祭祀を中臣氏が独占してしまったことに抗議するものだ。広成はこのときすでに齢《よわい》八十に達していたというから、ものすごい執念《しゅうねん》である。「死ぬ前にこれだけはいっておかないと、恨《うら》みを冥土《めいど》にもっていくことになる」と、中臣氏に対する積年のうっぷんをここでぶちまけているのだ。

『古語拾遺』には、次のようにある。

天平《てんぴょう》時代、全国各地の神社の実態調査が行なわれ、克明な帳簿が作成されたが、このとき、中臣氏（藤原）は権勢を楯《たて》に、中臣氏と縁がある者とないもので差をつけた。神社の規模にかかわりなく、中臣氏との縁があるかないかで格付けも変わったという。

それだけではない。伊勢神宮の宮司《ぐうじ》を中臣氏が独占し、八世紀後半にいたると、中臣氏は奏上《そうじょう》する祝詞《のりと》を勝手に改竄《かいざん》し、斎部氏を配下に置くことを一方的にいい渡してきたというのである。

日本の律令制《りつりょうせい》は、「政」の太政官《だいじょうかん》と「祭」の神祇官《じんぎかん》が支配の両輪を形づくり、その両方を藤原氏と中臣氏で独占していたわけで、広成が憤慨したのも、当然のことであった。

ところで、これは意外なことかもしれないが、斎部氏と蘇我《そが》氏は密接な関係にあった。これは、中臣氏と物部《もののべ》氏が深く結びついていたことと対《つい》をなしている。物部と蘇我といえば、廃仏・崇仏《すうぶつ》でもめた豪族として知られる。聖徳太子が登場するころ、中臣氏は物部氏の子分のような位置にあり、かたや斎部氏は、蘇我氏とぴったりとくっついていた。したがって、大化改新以後の斎部氏の没落も、歴史の因果を背負っていたことになる。

もっとも、物部氏は長く神道祭祀にかかわっていたから、中臣氏との縁も当然としても、なぜ崇仏派の蘇我氏と斎部氏はつながっていたのであろう。

じつをいうと、この斎部氏のあり方が、中臣氏と蘇我氏の秘密を握っていた節がある。

物部系の文書《もんじょ》『先代旧事本紀《せんだいくじほんぎ》』には、中臣氏も斎部氏も、ヤマト朝廷誕生の直前、天皇家とではなく、物部氏の祖・饒速日命《にぎはやひのみこと》と共にヤマトに舞い降りた、と指摘している。

問題は、この饒速日命の素性である。

饒速日命の正体については、すでに他の拙著で何度も書き記してきたので、要点だけをまとめてみよう。

『日本書紀』は神武《じんむ》天皇東征《とうせい》の折、すでにヤマトに饒速日命が舞い降り、土着の長《なが》髄彦《すねひこ》の妹を娶《めと》り、ヤマトに君臨していたと記し、饒速日命は「天津神《あまつかみ》」であったとしている。つまり、物部氏の祖・饒速日命は天皇家と縁のある人物だった、というのである。

しかし、いっぽうで『日本書紀』は、饒速日命がどのように天皇家とつながっていたのかを語ろうとはしなかった。そして、饒速日命やその末裔《まつえい》の物部氏は、ヤマト朝廷の観念上の敵とされる「出雲《いずも》」と多くの接点をもっていたのである。

たとえば、「天皇家以前」にヤマトに舞い降りていたのは、「出雲」と「饒速日命（物部）」であった。ヤマトを造成したのが出雲神であったことは、第十代崇神《すじん》天皇の次の歌の中から読み取ることができる。

それは崇神天皇八年、大物主神《おおものぬしのかみ》の祀《まつ》られる三輪《みわ》の酒が献上されたときの歌だ。

此《こ》の神酒《みき》は　我《わ》が神酒《みき》ならず　倭成《やまとな》す　大物主の　醸《か》みし神酒《みき》　幾久《いくひさ》　幾久《いくひさ》

［大意］此《こ》の神酒は私の神酒ではない。倭の国を造成された大物主神がお作りになった神酒である。幾世《いくよ》までも久《ひさ》しく栄えよ栄えよ。(日本古典文学大系『日本書紀・上』岩波書店)

ここではヤマトで祀られる大物主神を、ヤマトを造成した神とはっきりとうたいあげている。

かたや物部氏も、いち早くヤマトに目をつけ、開拓に乗り出したのである。この結果誕生したのが、出雲神大物主神が鎮座《ちんざ》する三輪山麓の現在の纒向《まきむく》遺跡であったと考えられる。つまり、神武天皇の東征がヤマト建国と考えられるならば、出雲のヤマト入りがまず先にあって、最後に九州(神武天皇)がやってきた、という図式は、考古学的にも確かめられていたことになる。

そして、『日本書紀』が初期天皇家の正妃《せいひ》は、出雲神の娘であったとするのに対して、別伝は、それが実際には磯城県主《しきのあがたぬし》の娘であったかもしれない、としている。この磯城県主が曲者《くせもの》で、『日本書紀』はヤマト土着と記すが、『先代旧事本紀』などによると、この一族は物部同族であったとしている。

つまり、饒速日命の縁者であった磯城県主の素性をごまかしたところに、『日本書紀』の意図が隠されていよう。

天皇家よりも先にヤマトに入った物部氏が実際には出雲出身であり、だからこそ天皇家を迎え入れ、正妃を輩出する一族の地位を不動のものにした、というのがヤマト建国の道のりだったと考えられる。そしてこの事実を、『日本書紀』は隠さざるを得なかった。だから出雲と物部を引き離してしまったのであろう。

◇出雲と結びつく蘇我

このように、出雲《いずも》と物部《もののべ》は明確につながっていたが、「蘇我《そが》」も、出雲とは浅からぬ縁《えにし》で結びついていたのである。

出雲大社本殿裏手の摂社《せっしゃ》は素戔嗚尊《すさのおのみこと》を祀《まつ》っているが、ここを「素鵞《そが》社」と呼ぶのはなぜだろう。素戔嗚尊の最初の宮は須賀《すが》で、蘇我氏の場合、「蘇我」だけでなく、「宗我《そが》」「宗賀《そが》」とも書き、「宗我」は「スガ」とも読める。

すなわち「ソガ（蘇我）」は出雲の「スガ（須賀）」が音韻《おんいん》変化したものであったと考えられ、蘇我氏の地盤「飛鳥＝アスカ」も、門脇禎二《かどわきていじ》氏が指摘するように、

「ア」（接頭語《せっとうご》）＋「スカ（スガ）」が語源だったのではあるまいか。

七世紀、「方墳《ほうふん》」の造営は蘇我氏の特権として他の豪族には許されなかった。唯一許されたのは出雲国造家《こくそうけ》である。このように、蘇我氏と出雲は目に見えぬ縁で結ばれていた。

物部守屋画像（安田靫彦画）

一般には、蘇我氏の祖は百済《くだら》系の渡来人と目されている。それは、蘇我氏が渡来系のテクノクラート（政治経済・技術などの専門知識をもった人々）を支配し勃興《ぼっこう》したこと、五世紀の蘇我氏の中に、韓子《からこ》・高麗《こま》などといった半島とのかかわりを匂わせる名前が散見できることが大きな根拠となっている。しかも、五世紀に実在した百済人とよく似た名をもつ蘇我系の人物がいたことも、証拠の一つと考えられている。

しかし、不審《ふしん》なのは『日本書紀』の態度である。七世紀、専横《せんおう》を繰り返し天皇家をないがしろにした蘇我氏が渡来系であったならば、『日本書紀』は迷うことなく蘇我氏の素性を暴露していたであろう。

ところが、『日本書紀』は蘇我氏の素性をまったく無視してしまった。その理由を詮索《せんさく》するに、蘇我氏の祖が記録できないほど正統なものだったからだろう。つまり、物部氏が「出雲」であることを抹殺《まっさつ》されたように、蘇我氏も正体を封印《ふういん》されてしまったと考えたほうが話のつじつまが合ってくる。

ところで物部氏と蘇我氏といえば、物部守屋《もののべのもりや》と蘇我馬子《そがのうまこ》の対立で知られる。したがって、二つの氏族は仲が悪かったと信じ込まれている。しかし、『日本書紀』は蘇我氏が隆盛を極めたのは蘇我馬子が物部系の女人を娶《めと》り、物部の財力があったからといい、物部系の『先代旧事本紀《せんだいくじほんぎ》』は、一族の女人が蘇我入鹿《いるか》を産んだことを誇らしげに記録している。また、蘇我氏が物部守屋を滅ぼした事件をまったく責めることなく、それどころか、事件のあったこと自体、無視している。

このような「仲のよかった物部と蘇我」を認めるように、『日本書紀』は蘇我入鹿の弟（あるいは入鹿本人）が「物部大臣《おおおみ》」と呼ばれていたとする。

では、蘇我氏の祖が出雲系だったとして、彼らはどのように出雲神とつながってくるのか、という疑問が出よう。『古事記』にいう蘇我氏の祖・武内宿禰《たけのうちのすくね》がこの謎を解き明かしているように思われる。この男の正体は大物主神《おおものぬしのかみ》の子・言代主神《ことしろぬしのかみ》（事代主神）であり、葛城《かつらぎ》の一言主神《ひとことぬしのかみ》と同一だったのではないかというのが私見の骨子である。ただし、このことに関しては、これ以上深入りはしない。

問題を、斎部《いんべ》氏と中臣《なかとみ》氏の対決に戻そう。

◇中臣鎌足の怪しい素性

すでに触れたように、物部《もののべ》系の伝承『先代旧事本紀《せんだいくじほんぎ》』は、中臣氏も斎部氏も、どちらも饒速日命《にぎはやひのみこと》と共に、「神武《じんむ》以前」にヤマトに舞い降りた、としている。日本の神道《しんとう》の中心に位置していた中臣氏と斎部氏がいずれも「天皇家」とではなく、「出雲《いずも》」と共にヤマトに入った、ということになる。

この記事の意味するところは重大で、天皇家のものと考えられていた「神道」が、実際には「出雲」によって創作されていた疑いが出てくるのである。それもそのはず、崇神《すじん》天皇が認めるように、ヤマトを造成したのは「出雲」だったからである。そして、だからこそ出雲からやってきた斎部氏と中臣氏が神道祭祀《さいし》の中心にいたのであろう。

ところが、八世紀の『日本書紀』編纂《へんさん》の中心にいた藤原不比等《ふじわらのふひと》は、これらの経《い》纂《さつ》をすべて闇に葬《ほうむ》り、新しい宗教観を提示したのであった。それは、「すべてを天皇家の祖神が創世した」という宇宙観であり、「出雲は天皇家の敵で邪悪な存在」という定義づけである。

そして、もし中臣鎌足《なかとみのかまたり》が本当に出雲の中臣氏の末裔《まつえい》であったならば、このような「改竄《かいざん》」を、どうして藤原不比等が行なったのか、という疑問に行き着くのである。

藤原氏の姿勢の中に不思議なことが一つある。それは蘇我氏に対して密《ひそ》かなあこがれを抱きつづけていたことである。

たとえば、藤原氏は始祖・中臣鎌足を蘇我氏の祖・武内宿禰《たけのうちのすくね》になぞらえてみたり、中臣鎌足が「蘇我入鹿《そがのいるか》とならびうる人物」と評価されていたことを誇らしげにしている。

いったい、彼らは何者なのであろうか。本当に『先代旧事本紀』のいうように中臣氏が出雲から物部氏と共にヤマトに入っていた輝かしい一族であったなら、『日本書紀』の中で出雲を神話の世界に押し込め、さらには中臣氏を出雲ではなく天孫《てんそん》族《ぞく》の身内として描いただろうか。それにもかかわらず、「本当の敵」蘇我氏に自《みずか》らをなぞらえるという不可解。

鍵《かぎ》を握るのは、やはり中臣鎌足である。

中臣鎌足の生誕地は飛鳥《あすか》の大原であった。もちろん、このことは『日本書紀』には書かれてはいない。藤原氏がそういっているのである。そして、飛鳥坐《あすかにます》神社の脇道を少しのぼったところに、今でも中臣鎌足生誕地を祀《まつ》った、大原大神宮がある。訪れると、あまりにもみすぼらしい祠《ほこら》である。その小道の反対側には、大伴夫人《おおともふじん》の墓なるものがあり、中臣鎌足の母が眠っている、という伝承がある。

それにしても、大伴夫人とは奇怪ではないか。大伴氏の女人であろうか。では、なぜ大伴なにがしという名がないのであろう。大政治家の母の名がはっきりしないということがありうるのだろうか。どうにも不審《ふしん》きわまりない。

また、後世、中臣鎌足の末裔の藤原氏は、中臣氏はもともと茨城県の鹿島《かしま》神宮の神官《しんかん》から出た、と証言している。そのため、中臣氏＝鹿島出身説はいまだに根強いものがある。しかし、中臣氏（藤原）は歴史の勝者であり、自らの出自《しゅつじ》をいくらでも粉飾《ふんしょく》できる地位にあった。

その「勝者」が、自らを田舎宮司《いなかぐうじ》になぞらえたのは、どうにも納得できない。これはむしろ、何かをごまかすためのリークであり、ガセネタと考えたほうがよさそうである。

◇歴史から姿をくらました中臣鎌足

それよりも中臣鎌足《なかとみのかまたり》の最大の謎《なぞ》は、次の一点にある。

中臣鎌足は中大兄皇子《なかのおおえのみこ》のもっとも信頼する右腕であり、二人がつねに行動を共にしたことは周知の事実である。ところが、中大兄皇子の人生最大のピンチに際し、なぜか中臣鎌足は歴史から姿をくらましてしまう。それが、西暦六三三年、中大兄皇子が百済《くだら》救援の兵を半島に送るも、唐《とう》と新羅《しらぎ》の連合軍の前に惨敗を喫した白《はく》村江《そんこう》の戦いのときだったのである。

いったい、主《あるじ》の危機を前に、中臣鎌足はどこで油を売っていたのであろう。

ところで、作家の佐治芳彦《よしひこ》氏や鹿島昇《かしまのぼる》氏は中大兄皇子の非常識な百済遠征を説明するために、中大兄皇子を百済の王に比定《ひてい》する。具体的には、乙巳《いっし》の変《へん》の直前に来日した人質、百済王・豊璋《ほうしょう》（余豊璋《よほうしょう》）なのだが、たしかにそうとでも考えない限り、中大兄皇子の行動を理解することはできなかった。ただ、豊璋は中大兄皇子ではなく、中臣鎌足のほうがふさわしい。

理由はきわめて簡単だ。

まず、中臣鎌足の『日本書紀』における登場の場面が、豊璋来日の後であったこと。

　百済滅亡の危機に際し、豊璋は本国に召還されるが、豊璋が百済に帰国したときから、中臣鎌足も歴史から姿を消していることである。そして中臣鎌足は、白村江の敗戦ののち、なに食わぬ顔で、中大兄皇子の前に姿を現わす。

白村江の戦いの前後に中臣鎌足がぱったりと歴史の闇に紛《まぎ》れたことを、これまで指摘されなかったことが不思議なぐらいだ。その理由を端的に示すアイディアは、中臣鎌足が百済王・豊璋であったとしか思い浮かばない。中臣鎌足が百済に向かった理由と目的を、息子の藤原不比等《ふじわらのふひと》が隠匿《いんとく》してしまったにちがいないのだ。

中臣鎌足は豊璋として来日し、百済救援に執念を燃やす中大兄皇子に近侍《きんじ》し、百済滅亡後は帰化《きか》する道を選んだのではなかったか。

そして、おそらく当時没落していたであろう「本物の出雲《いずも》の中臣氏」の枝族《しぞく》の中に紛れ込み（養子縁組か？）、さらに鎌足の死の直前、藤原の姓を賜わったのではなかったか。

中臣鎌足の死（六六九）と天智《てんじ》天皇（中大兄皇子）の死（六七一）ののち壬申《じんしん》の乱《らん》（六七二）が勃発《ぼっぱつ》し、天智の遺児・大友皇子《おおとものみこ》と天智の弟・大海人皇子《おおあまのみこ》（のちの天武《てんむ》天皇）が激突するが、このとき百済系遺民《いみん》は、こぞって大友皇子の側に回って奮戦している。

大友皇子こそが、天智天皇の遺志を引き継いだ者であり、その周囲に百済系遺民が集結したのは当然であった。そして大友皇子の敗北ののち天下を掌握《しょうあく》した天武天皇のもとで、百済系遺民は没落していくのである。彼らが復活するのは持統《じとう》天皇の登場後からで（その理由は次章でゆっくりと）、このとき、野に下っていた中臣鎌足の子・藤原不比等が大抜擢《だいばってき》されている。

つまり、百済系移民の日本における命運と、中臣（藤原）氏の盛衰《せいすい》は、まったく同調して推移しているのである。藤原氏が政局を牛耳《ぎゅうじ》って以降、日本の朝廷が新羅を蔑視《べっし》していくのも、かつて百済の宿敵だった新羅の成長と安定を「百済系遺民藤原氏」がおもしろく思っていなかったからであろう。

だいたい、新羅を「しらぎ」と訓《よ》むことからして、蔑称《べっしょう》だったのであり、このような「風習」を、藤原氏が牛耳る朝廷はいつまでたっても改めようとはしなかった。このことからも、中臣鎌足＝百済王・豊璋説の蓋然性《がいぜんせい》は高まるばかりである。

◇中臣鎌足と百済王・豊璋の接点

中臣鎌足《なかとみのかまたり》を百済《くだら》王・豊璋《ほうしょう》と考えることで、いくつもの古代史の謎《なぞ》が解けてくる。そしてもちろん、それは乙巳《いっし》の変《へん》・大化改新《たいかのかいしん》の真実に一歩近づくことになる。

難波宮跡　七世紀中葉から八世紀末の遺跡（大阪市中央区）

六世紀から七世紀にかけての百済は、高《こう》句麗《くり》の南下、新羅《しらぎ》の膨張に悩まされ、凋落《ちょうらく》していった。そして、中臣鎌足の時代、ついに滅亡するのだが、その焦《あせ》りはいかばかりであったろう。

飛鳥《あすか》では、蘇我《そが》氏が政権の舵取りをしていた。その蘇我氏は、聖徳太子がそうであったように、全方位型《ぜんほういがた》外交を展開し、百済の衰弱に積極的に関与しようとはしなかった。

百済の衰弱に危機感を抱いていたのは、中臣鎌足だけではなかった。大王家（天皇家）の復権を目指すという時代遅れの野望に燃える中大兄皇子《なかのおおえのみこ》がいた。中大兄皇子は蘇我本宗家《ほんそうけ》（要するに蘇我入鹿《そがのいるか》や蘇我蝦夷《えみし》）を滅ぼし、百済を復興しない限り「王《おう》

「政復古《せいふっこ》」は成しがたいと考え、そして決行されたのが乙巳の変だった、ということになる。

百済王・豊璋（中臣鎌足）が中大兄皇子を支え、入鹿暗殺の中心的役割を担った。だからこそ、古人大兄皇子《ふるひとのおおえのみこ》は入鹿の死を嘆き、「韓人《からひと》が入鹿を殺した」と叫んだのである。この「韓人」という謎の言葉の意味は「韓 政《からのまつりごと》」＝朝鮮半島をめぐる外交問題であり、これによって殺された、ということにほかならなかった。

とするならば、乙巳の変は聖徳太子の掲げた理想国家を追求したものではなく、日本を無謀な戦争に導こうとする悪夢にほかならなかったのではあるまいか。

民衆が中大兄皇子の施政に非難の声を送りつづけた意味もこれで分かるし、乙巳の変が行政改革の第一歩ではなく、本当はまったく逆で、蘇我氏らが推し進めていた行政改革を潰《つぶ》してしまった事件であった疑いは強まるばかりなのである。そして、第一章であげたクーデター直後の難波遷都《なにわせんと》の意味も、これでようやく解けてきたのではあるまいか。

武力によって政権を転覆《てんぷく》しようと目論《もくろ》んだ中大兄皇子らの計画は、たんなる要人暗殺に終わったのである。それまでの蘇我氏の強固な地盤が、蝦夷・入鹿親子の殺害だけで崩せるわけもなく、また、民衆や豪族の支持を取り付けることができなかったであろう中大兄皇子や中臣鎌足らが、一気に政権を奪うことなどできなかったのである。

誰が好んで、滅亡寸前の百済を救うために、唐《とう》や新羅の連合軍と戦いたいと思うであろう。負けると分かっている戦争の犠牲になろうとするであろう。

『日本書紀』を読む限り、中大兄皇子が実権を握るのは、孝徳《こうとく》天皇の崩御《ほうぎょ》後、母・斉明《さいめい》天皇の即位の後のことであり、孝徳朝で中大兄皇子が何をしていたかというと、ほとんどの精力を要人暗殺に費やしていたようである。しかもそれは卑劣で、かなり残虐な手段によって行なわれていた。このあたりの事情は次章で詳述する。

問題となる難波遷都は、通説のいうような、新政権の律令《りつりょう》整備へのステップではなく、入鹿暗殺以前からすでに画定された蘇我系政権の悲願であった。中大兄皇子や中臣鎌足たちは、日増しに悪化する半島情勢、具体的には百済の衰弱を座視《ざし》できず、蘇我系政権の転覆《てんぷく》に、心血を注いでいたにすぎなかった。

仮に中大兄皇子たちが乙巳の変で完璧に政権を掌握していたのなら、乙巳の変の直後に百済救援に急行していたであろうし、その目的のためになんの意味もなさない難波遷都という「徒労」「遠回り」を犯すはずもなかったのである。

◇『日本書紀』に残された「鬼」はみな百済の敵

このような百済《くだら》をめぐる思惑《おもわく》の違いは、『日本書紀』の中で、密《ひそ》かな形で表現されている。すなわち、中大兄皇子《なかのおおえのみこ》や中臣鎌足《なかとみのかまたり》の敵、あるいは、百済の敵は、みな「鬼」と見なされていたのである。

すでに触れたように、平安時代以前、「鬼」は「モノ」と読まれていた。「モノ」「鬼」は本来「神」と同意語である。大自然の脅威を「鬼」とも「神」とも称し、崇《あが》めたのだ。しかし、『日本書紀』が編纂《へんさん》された時代あたりから、「神」と「鬼」は、「聖」と「邪」の色分けをつけられていくことになる。

そのもっとも顕著な例が出雲神《いずもしん》で、神話の中で天孫族《てんそんぞく》が出雲を乗っ取る直前のこと、地上界には「悪《あ》しき鬼」どもが群がっていると表現されている。明らかに出雲神は「鬼」と目されていたことになる。

出雲神を代表する大物主神《おおものぬしのかみ》は、「モノ」の「主」と書かれているように、本来「神の中の神」を意味していたが、「モノ」を「邪」とする『日本書紀』の観点からすれば、この神は、「鬼の中の主」ということになる。物部《もののべ》氏の「モノ」も同様である。

元興寺　馬子が建てた飛鳥寺を平城遷都に伴い、ここに移した（奈良市）

「鬼」は「モノ」であり、また「シコ」とも呼ばれた。物部氏の祖に伊香色雄命《いかがしこおのみこと》がいて、妹は伊香色謎命《いかがしこめのみこと》、さらにその父は内色許男命《うつしこおのみこと》であった。これらの人物の名の中に「シコ」が入っているのは、物部氏が「モノ」を代表する一族だからであろう。

同様に、蘇我《そが》氏も「モノ」の一族と見なされていた。斉明《さいめい》天皇の周囲に鬼が出現し、『扶桑略記《ふそうりやつき》』がこの鬼を蘇我入鹿《いるか》の霊魂と見なしたのは、蘇我氏が鬼と結びつきやすい一族と思われていたからであろう。

平城京《へいじようきよう》の元興寺《がんごう》は蘇我氏ゆかりの寺だが、「元興寺」はのちに「鬼」の代名詞となっていく。蘇我氏の寺の名は「ガゴゼ・ガゴジ」と変化し、鬼そのものを表わすようになったのである。

『古事記』によれば、第八代孝元《こうげん》天皇と物部氏の内色許男命の娘・伊迦賀色許売命《いかがしこめのみこと》との間の子が比古布都押之信命《ひこふつおしのまことのみこと》で、さらにその子が建内宿禰《たけのうちのすくね》（武内宿禰《たけのうちのすくね》）であったといい、また、建内宿禰の子の蘇我石川宿禰《そがのいしかわのすくね》が蘇我氏の遠祖であったとしている。

鬼の一族・物部氏の女人、しかも「シコ」の名を冠する女人の腹から蘇我氏が生まれたという『古事記』の指摘は重要な意味をもっていよう。実際には蘇我氏は物部腹ではなく、物部同族であったと思われるが、要するに、物部氏も蘇我氏も鬼の一族であったことに変わりはない。

物部・蘇我氏だけではなく、朝鮮半島にも鬼がいたと『日本書紀』はいう。垂仁《すいにん》天皇紀二年是歳《このとし》の条《じょう》には、次のようにある。

「崇神《すじん》天皇の時代、額《ひたい》に角の生えている人がひとりで船に乗って越《こし》の国の笥飯浦《けひのうら》にやってきた。それでこの地を名づけて角鹿《つぬが》といった」

その正体は、意富加羅国《おおからこく》（伽耶《かや》諸国の一つ、金官加羅《きんかんから》）の王子・都怒我阿羅斯等《つぬがあらしと》であったという。日本に「聖王（第十代・崇神天皇）」がいると聞きつけてやってきたのだが、すでに崇神天皇は亡くなったと聞き、数年で帰国した、という。

さて、額に角が生えていたというのは、常人のそれではない。異形《いぎょう》は鬼を暗示している。なぜ伽耶《かや》王子に限って、このような記事が残ったのであろう。

ところで、伽耶王子都怒我阿羅斯等が来日した翌年、『日本書紀』は新羅国王《しらぎ》子・天日矛《あめのひぼこ》（天日槍）がやってきたとしている。この人物も都怒我阿羅斯等同様、崇神天皇を慕《した》って来日し、但馬《たじま》に住み着いたとある。

このように、『日本書紀』を読む限り、都怒我阿羅斯等と天日矛の二人は別人である。ところが『古事記』には、やはり天日矛来日記事があって、その内容が『日本書紀』にある都怒我阿羅斯等来日の経緯《いきさつ》とそっくりなのである。

一般には、両者は同一人物であったのを、二人の伝説に分けられたのではないかと考えられている。

朝鮮半島最南端の伽耶は、すでに触れたように百済と新羅にかすめ取られ、六世紀に滅亡している。したがって時代を遡《さかのぼ》って、百済系・新羅系の伽耶の双方を、百済、あるいは新羅と組み込んでしまい混同する例が多い。もっとも、『日本書紀』が本来一人であった都怒我阿羅斯等を二人に分けてしまったのには、深い理由があったのだが、そのことはここでは割愛《かつあい》させていただく。

問題は、伽耶や新羅が、『日本書紀』を記した時代の朝廷にとって「敵」であり、だからこそ「額に角の生えた鬼」と見下していたという事実である。もちろん、『日本書紀』編纂《へんさん》の中心には藤原不比等《ふじわらのふひと》がいて、この人物の父親（中臣鎌足）が百済王・豊璋《ほうしょう》であった疑いが強いのだから、百済を滅亡に追い込んだ新羅に対する恨《うら》みは深かった、ということであろう。そして、百済に刃向かい、新羅側に寝返った（百済からみれば、だが）伽耶諸国を、八世紀の朝廷はおもしろく思うはずもなかった。したがって、新羅や伽耶をひとくくりにして鬼扱いしたわけである。

◇聖徳太子も「鬼」だった

物部《もののべ》氏・蘇我《そが》氏、それに新羅《しらぎ》・伽耶《かや》は、「朝敵《ちょうてき》」であり、鬼呼ばわりされた。このような明確な峻別《しゅんべつ》は、八世紀の藤原《ふじわら》氏が中心となった政権が、誰を敵とし、勝ち抜いてきたのかを端的に表わしている。

たとえば、中大兄皇子《なかのおおえのみこ》が遺志を継承したと一般に信じられている聖徳太子も、じつのところ、「鬼」と見なされていたところに、これまで語られてこなかった歴史の裏側を見る思いがする。

聖徳太子の謎《なぞ》はいろいろあるが、もっとも素朴な疑問は、聖徳太子伝承の数々ではなかろうか。

聖徳太子の母は厩《うまや》の戸に当たって苦もなく太子を出産したとか、太子がいちどに十人の訴えを聞き分けたという話は『日本書紀』に記されたものだ。なぜ、聖徳太子は「超人」として歴史に登場したのだろう。

大山誠一《せいいち》氏は、それは、「天皇」の権威付けのために、中国思想をふまえた聖人が日本の基礎を築いたことにしなければならなかったから、と考えた。なぜこのような結論が出るかというと、『日本書紀』に描かれた聖徳太子の憲法十七条・冠位《かんい》十二階《じゅうにかい》といった業績はどれも確実なものがなく、

「歴史学の立場からは、事実でないものは虚構《きょこう》として処理せねばならないから」

(『〈聖徳太子〉の誕生』吉川弘文館)

としたのである。すなわち、聖徳太子そのものが虚構だった、とするのである。

なるほど、いかにもありそうなことだ。

しかし、大山氏をはじめ、多くの学者は『日本書紀』を読み違えてきたのではあるまいか。

大山氏が指摘するように、『日本書紀』における聖徳太子の業績というものは確実に証明できないし、『日本書紀』の太子礼賛《らいさん》は度を越している。しかし、だからといって、聖徳太子が実在しなかったと決めつけてしまうのは早計であろう。この場合、もう一つ、可能性が残されているからである。

問題は、聖徳太子が「在俗《ざいぞく》の為政者《いせいしゃ》」でありながら、他に例を見ない「聖者」と描かれたことなのだ。その理由といえば、大山氏のいうように中国的な聖者を必要としたという推理も可能だが、日本の場合、菅原道真《すがわらのみちざね》のように政治家で後世神格化されたのは、まず間違いなく何かしらの恨《うら》みをもって死んでいった者だった点を見逃してはなるまい。実際、聖徳太子は、日本中いたるところで「鬼」として祀《まつ》られているのである。しかもそれは、「祟《たた》る鬼」であった疑いが強い。

聖徳太子は祟る鬼であったからこそ、「聖人」「超人」として称《たた》えられる必要があったはずである。

◇法隆寺は怨霊封じ込めの寺だった

祟《たた》る聖徳太子といえば、梅原猛《たけし》氏の『隠された十字架』(新潮社)が名高い。梅原氏は、救世観音《ぐぜかんのん》の背中がくり抜かれて空洞になっていることについて、

「仏像を彫刻し、中を空にする。それは技術的には一体の仏像を彫るより困難であろう。この精密な傑作を、技術的未熟さのために、あるいは手間をはぶくために、背後をつくらなかったとは考えることが出来ない。これは故意《こい》に背後をつくらなかったとしか考えられないのである。（中略）なぜ、他ならぬ聖徳太子等身《とうしん》の像の中身を空にしたのか。それは明らかに、人間としての太子ではなく、怨《おん》霊《りょう》としての太子を表現しようとしたからであろう」

といい、さらに後頭部に直接打ち込まれた光背《こうはい》を見て、

「それは日本人の感覚からいって、最大の瀆神《とくしん》行為である。それは恐るべき犯罪である。聖なる御堂の聖なる観音に、恐るべき犯罪が行われている。ありうべからざることである。それがありうべからざることであるがゆえに、今まで誰一人として、この釘と光背の意味について疑おうともしなかった」

こう述べた梅原氏は、法隆《ほうりゅう》寺が聖徳太子の怨霊を封じ込めた寺だった、と推理

したのである。

では、誰が、なぜ聖徳太子を恐れていたというのであろう。

梅原氏は、八世紀の藤原氏の奇妙な動きに関心を示した。藤原氏が衰弱し、一族に危機が訪れたとき、必ず法隆寺に食封《じきふ》が与えられていたのだ。このことから、藤原氏が聖徳太子に対し、何かしらの後ろめたい気持ちをもっていたのではないか、と考えたのである。

そして、聖徳太子の子の山背大兄王《やましろのおおえのおう》一族が滅亡に追い込まれた直後に藤原氏の始祖・中臣鎌足《なかとみのかまたり》が歴史に登場し、しかも神祇伯《じんぎはく》任命という、あまりに唐突《とうとつ》な大抜《だいばつ》擢《てき》に不審《ふしん》の念を抱いた。上宮王家《じょうぐうおうけ》滅亡の直接の犯人は蘇我入鹿《そがのいるか》としても、陰で入鹿を操っていたのは中臣鎌足だったのではないか、としたのである。

もちろん、史学界は猛反発した。怨霊などという概念は、まだこのころなかったという説、また、仮に中臣鎌足が上宮王家滅亡の真犯人だとしたら、なぜ藤原氏は上宮王家ではなく、その祖である父・聖徳太子を恐れたのか、という疑問をぶつけてきたのである。

最初の疑問は意味がない。すでに触れたように、怨霊という概念が「輸入」される前から、日本人には「モノ」を敬《うやま》い恐れるという宗教観、ごく自然の感情があっ

蘇我氏と物部氏の合戦場面(『聖徳太子絵伝』)

たからだ。問題はその次の疑問である。ここが梅原説の泣きどころとなった。たしかに、山背大兄王は平安時代にいたるまで法隆寺で祀《まつ》られた気配がないのだから、梅原説は完璧ではない。

ただ、法隆寺が尋常ならざる妖気を秘めていることも確かで、また、救世観音の光背が直接頭にうちつけられ、しかもこの太子等身像が、長く秘仏《ひぶつ》として封印《ふういん》されていた事実を無視することはできないのである。山背大兄王という謎《なぞ》は残るにしても、聖徳太子が恐れられていたという梅原氏の指摘を無視してはならないであろう。その証拠に、『日本書紀』も、聖徳太子が鬼であったことを認めている節がある。有名な物部守屋《もののべのもりや》と蘇我馬子《うまこ》の戦いである。

◇覆される「律令史」の常識

用明《ようめい》二年（五八七）七月、蘇我馬子は多くの皇子《みこ》や群臣《ぐんしん》を味方につけ、仏教排斥《はいせき》活動に走る物部守屋《もののべのもりや》討伐《とうばつ》を図った。時に聖徳太子十三歳であった。

馬子の軍勢は果敢に守屋の館（河内《かわち》国渋河《しぶかわ》・現在の東大阪市）を攻めたが、物部守屋の抵抗は激しく、三たび押し返された。このときの聖徳太子は、戦況が不利なことを察すると願掛《がんか》けを行ない、

「今もし我をして敵に勝たしめたまわば、必ず護世四王《ごせしおう》のために寺を興《おこ》しましょうぞ」

と請願《せいがん》した。馬子が軍を進めてみると、守屋勢は自《おの》ずから崩れていったという。

この一節は聖徳太子の類希《たぐいまれ》な神通力《じんつうりき》を示しているが、それよりも大切なことは、『日本書紀』が聖徳太子の髪型に言及していることだ。それは童子《どうじ》（子ども）特有の「束髪於額《ひさごばな》」で、なぜよけいとも思われる記述があるのかといえば、この説話が、「鬼の鬼退治」だったからである。

物部守屋は鬼ヶ島《おにしま》の鬼（モノ）であり、これを大の大人が成敗できずに、童子（束髪於額の聖徳太子）の神通力をもって、ようやく破ることができた、というわけだ。昔話の中で一寸法師《いっすんぼうし》や桃太郎《ももたろう》といった童子が鬼を懲《こ》らしめるのは、童子が神に近い神聖な者であるのと同時に、鬼のようなパワーを秘めていると目されたためである。神も鬼も根源は同じであり、「鬼」の守屋を「童子」聖徳太子が成敗したのも、鬼にかなうのは、鬼（童子・神）でなくてはならなかったからである。

ちなみに、クマソ退治に大活躍したヤマトタケルが、クマソタケルを前に「日本《やまと》童男《おぐな》（童子）」と名乗り、征伐《せいばつ》していたのも、同じ理由からである。クマソタケルは、「国中の強い者と渡り合ってきたが、あなた様のような方は初めてだ」と感心している。鬼にかなうのは童子＝鬼なのである。

聖徳太子の死後、太子を鬼と見なしていた証拠は各地に残されている。元興寺《がんごう》や法隆寺《ほうりゅう》ばかりでなく、太子信仰をもつ寺々では、聖徳太子の童子像を祀《まつ》る例が少なくない。今述べたように、童子は鬼なのだから、なぜ太子に限って童子像で祀られるのか、深い謎《なぞ》を秘めていたわけである。

後世、聖徳太子信仰はひろく人々の心を捉《とら》えていくが、その根源には、「恐ろしい聖徳太子」という言い伝えがあったのではなかったか。そうでなければ、多くの童子像は理解できないのである。

それではなぜ、聖徳太子は鬼と見なされ、それが信仰の対象になっていったのであろう。

この謎は次章で明らかにするとして、ここでまずいえることは、八世紀に『日本書紀』を編纂《へんさん》した中臣鎌足《なかとみのかまたり》の子・藤原不比等《ふじわらのふひと》にとって、聖徳太子は恐ろしい存在であり、しかもその正体をのちの世に残すことはできなかったということであろう。

したがって、聖徳太子が先鞭《せんべん》をつけ、中大兄皇子《なかのおおえのみこ》や中臣鎌足がその理想を引き継いで律令《りつりよう》が完成した、というこれまでの「常識」は通用しなくなるはずである。

そして、このことが分かって、はじめて大化改新の本当の意味が明らかになってくるのである。

次章でいよいよ、歴史の真実を解き明かしていこう。

第四章

大化改新という改革潰し

コラム

中臣鎌足《なかとみのかまたり》の暗躍した大化改新《たいかのかいしん》から八世紀の藤原不比等《ふじわらのふひと》の『日本書紀』編纂《へんさん》までの過程で、ヤマト朝廷は「歴史を捨てた」のではあるまいか。

権力者というものは、しばしば歴史を捨てたがるものなのだ。歴史を捨てるだけでなく、都合のいい歴史を捏造《ねつぞう》する。

したがって「歴史家」のつとめは、消し去られた歴史を発掘し、再現することにほかならない。しかし、官僚システムに組み込まれた今の史学界に、そのような大それた発想を期待するのは無理というものであろう。

ところで、近代・現代日本でも、「歴史を捨てよう」という発想が二度ほどあった。第一回目が明治維新で、当時のインテリ層は、欧米諸国に比べ文明の立ち遅れているのを恥じ、挙げ句の果てに、「日本に歴史はない」とまでいい放った。過去の日本のすべてを野蛮《やばん》視し、否定してかかったわけである。

二度目は、当然のことながら敗戦後だった。

戦前の軍国主義、神国日本というスローガンに辟易《へきえき》した戦後のインテリ層は、明治のインテリ同様、日本の過去を恥じ、すべてを否定し、また忘却しようとつとめた。

戦争を礼賛《らいさん》・鼓舞《こぶ》しつづけた大新聞が、敗戦の日を境になんの反省もなく豹変し、「平和」の大切さを臆面《おくめん》もなく掲げたように、なぜ日本があのような戦争に突き進んだのか、「歴史を捨てた」日本人は、考えることをやめてしまったとはいえないだろうか。

「お上に騙《だま》されていたから」というのが、われわれの言い訳である。しかし、「神国日本」という幻想を、民衆の側も求めていたのも、いっぽうの事実だったのではあるまいか。

実際に日本人が狂い出す転換期はあったように思う。

日露《にちろ》戦争の終結に際し、ポーツマス条約が締結《ていけつ》されたときのことだ。敗者のロシアの全権大使が小躍りしたといわれるように、この条約は、戦勝国日本にとって不利な条件に満ちていたのである。ただ、これは仕方のないことであった。日本海海戦で勝利し、また陸軍は旅順《りょじゅん》を攻略し、奉天会戦《ほうてんかいせん》に勝ってロシア軍は後退したといっても、日本軍側も息絶え絶えで、これ以上戦うことはもはや不可能だったからだ。したがって、日本政府も藁《わら》をもつかむ思いで条約調印にこぎつけたのである。

ところが、条約締結に憤慨し、戦争続行を強烈にアピールしたのは当時のマスコミであり、この扇動《せんどう》に乗った民衆は「日比谷《ひびや》焼き討ち」という取り返しのつかない事件を起こしてしまうのである。都市機能はマヒし、争乱は全国に波及した。

それまで冷静だった軍部はここから増長し、国家全体が狂ったかのように、一気に奈落《ならく》の底を目指して猪突《ちょとつ》する。

このように、悪夢のはじまりが、マスコミの扇動と民衆の暴動にあったという歴史を、われわれは無視してはならないはずである。

もちろん、「戦争中のことを何も知らないくせに」といわれてしまえば、何もいい返せない。しかし、逆にいえば、「その場」にいなかったからこそ、客観的に、遠くから冷静に「当時」を見つめることができるのではあるまいか。そして、これが歴史を学ぶということであろう。

本当に日本人は、お上が騙しただけで戦争に突入してしまったのだろうかという疑念を、いつまでたっても払拭《ふっしょく》できない。何か、もっと大切なことを、われわれの親の世代は忘れてしまったのではあるまいか。臭いものに蓋をしてすませているのではあるまいか。自分たちが、鬼畜米英《きちくべいえい》という言葉にまったく酔わなかったといい切れるだろうか。

それは、明治維新以来の富国強兵《ふこくきょうへい》政策のつけが回ってきたともいえるし、西欧列強に対する劣等感と反発が、ここにいたり一気に噴き出したともいえるかもしれない。

しかし、当時のマスコミと民衆が、冷静な判断をしていれば、事態はもうすこしはましな方向に進んだのではあるまいか。

少なくともこれだけはいえるだろう。戦前の日本人は「お上に騙されていたのだ」という単純な決めつけからいちど離れない限り、真の歴史を知ることはできないであろう。そして、どんなことがあろうとも、われわれは「歴史を捨ててはならない」のである。

◇なぜ藤原氏は祟る聖徳太子を恐れたのか?

八世紀に編纂《へんさん》された『日本書紀』の中で、いったい何が隠匿《いんとく》され、どのように歴史は改竄《かいざん》されたのであろうか……。この謎《なぞ》が解けない限り、大化改新《たいかのかいしん》の真実は見えてこないだろう。

ここで大切なのは、大化改新（六四五）ののち『日本書紀』が編纂されるにいたる間、白村江《はくそんこう》の戦い（六六三）、壬申《じんしん》の乱《らん》（六七二）と、ヤマト朝廷が激動の時代をさまよった、ということなのである。そして、壬申の乱によって生まれた天武《てんむ》朝の実態が分からなければ、大化改新の意味も見えてこないのである。

白村江の戦いがいかなるものだったのか、中大兄皇子《なかのおおえのみこ》による百済《くだら》救援がなぜ行なわれたのかについては、すでに触れたとおりである。その後、西日本各地に外敵から身を守るための山城《やまじろ》をいくつも構築した中大兄皇子は、やがて近江《おうみ》に都をつくり、ようやく即位している（天智《てんじ》天皇）。

そして晩年、弟の大海人皇子《おおあまのみこ》（のちの天武天皇）と子の大友皇子《おおとものみこ》が皇位継承問題で対立し、天智天皇崩御《ほうぎょ》後、ついに雌雄《しゆう》を決する。これが壬申の乱で、雪崩《なだれ》を打ったような勝利を収めた大海人皇子が都を飛鳥《あすか》に戻し、即位。天武天皇が誕生した。

天武天皇は左右大臣を置かず、皇族中心に政局を運営するいわゆる「皇親《こうしん》政治」を推し進めた。前代未聞《ぜんだいみもん》といっていいほどの権力を「天皇家」が握った瞬間である。

その理由は、やはり壬申の乱にあったというのが一般的な考えであろう。壬申の乱に際し、畿内《きない》の大豪族が近江の大友皇子に味方し、大海人皇子の反乱に加担したのはわずかな畿内の豪族と、東国豪族だったからである。

吉田孝《たかし》氏は『大系日本の歴史3』（小学館ライブラリー）の中で、

「かれらは大海人を核として結集したが、畿内の大豪族が大和朝廷を組織していたのとは異なり、横のつながりは希薄であった。壬申の乱に勝利した大海人が、独裁的な権力を掌握しえたのは、このような状況に支えられていたからである」

と指摘している。

私見はこの説を否定しているが、そのことはのちに触れるとして、ここは話を通説どおりに進めていこう。

さて、天武天皇が天智の子・大友皇子を倒すことで独裁権力を握ったのならば、中大兄皇子の目指した「天皇家を中心とする改革事業」は、天智政権を否定した天武天皇によって完成されたという皮肉を生んだことになる。

ところが、話はここから複雑になる。

天武天皇崩御（六八六）後、持統《じとう》女帝が誕生すると、天皇家に集中していた権力は、大宝律令《たいほうりつりょう》の編纂などを経て、再び豪族層の手にかえっていったのである。その仕掛け人は、中臣鎌足《なかとみのかまたり》の子・藤原不比等《ふじわらのふひと》やその末裔《まつえい》と考えられている。

藤原氏は天武朝の「皇親政治」からの脱却を図り、最後の障壁《しょうへき》となった天武天皇の孫・長屋王《ながやおう》を滅ぼすことで、豪族主導の政局を生み出すことに成功した、というのである。

もちろん、このような通説にも私見は大いに疑問を提示している。理由はこのあとしだいに明らかになっていく。

さて、こうして通説どおり考えてくると、乙巳《いっし》の変《へん》の中大兄皇子の理想を天武天皇が引き継ぎ、かたや聖徳太子の目指した合議《ごうぎ》を尊重した改革事業を継承したのが藤原氏であった、という図式が描ける。しかし、本当にそうなのだろうか。梅原猛《たけし》氏が指摘するように、八世紀の藤原氏は、どうした理由からか法隆《ほうりゅう》寺を重視している。それは藤原氏が聖徳太子を敬《うやま》っていたからではなく、「祟《たた》る神」として恐れ

天武・持統天皇陵　合葬の八角円墳（奈良県明日香村）

ていた気配がある。なぜ理想の継承者が、祟りを恐れる必要があったのだろうか。

◇天武天皇と蘇我氏の濃密な関係

ここで注目しておかないといけないのは、天武《てんむ》天皇の正体である。

通説は『日本書紀』という歴史書が、天武天皇のために書かれたのだと断言する。それもそのはず、『日本書紀』は、天武天皇が歴史書の編纂《へんさん》を命じ、その死後「天武系王朝」のもとで完成したからである。

しかし、『日本書紀』は天武天皇の生年を明記しておらず、したがって年齢が定まらないといったように、天武天皇の記述には不審《ふしん》な点が少なくない。そればかりか、天武天皇は『日本書紀』の中で、だいぶ薹《とう》がたってからようやく出現し、前半生はまったく闇に隠されたままなのである。なぜ天武天皇が編纂を命じた歴史書の中で、天武天皇の生涯を正確につかむことができないのであろうか。

『日本書紀』は天武天皇死の数十年後に完成していたわけだから、『日本書紀』が天武天皇のために書かれたのでなく、正確には天武天皇の死から数十年後の政権にとって都合のいい歴史書であったことを肝《きも》に銘《めい》じるべきだ。つまり『日本書紀』は、何度もいってきたように、藤原不比等《ふじわらのふひと》にとって都合のいい歴史書なのである。

では、不比等はなぜ天武天皇の前半生を隠匿《いんとく》してしまったのだろうか。

その理由は、おそらく天武天皇と蘇我《そが》氏の濃密な関係をのちの世の人に知られたくなかったからであろう。

壬申《じんしん》の乱《らん》に際し、蘇我氏はじつに奇怪な動きを見せている。

はじめ蘇我氏は大友皇子《おおとものみこ》の近江《おうみ》朝に与《くみ》していた。これは、天智《てんじ》天皇の時代から蘇我氏が重用《ちょうよう》されていたからで、左大臣《さだいじん》・大納言《だいなごん》・少納言《しょうなごん》という要職を蘇我氏が席巻《せっけん》していたのである（なぜ天智朝で蘇我氏が重視されていたのか。簡単にいってしまえば、白村江《はくそんこう》に敗れた天智が、「旧勢力」と妥協を図らざるを得なかったからである）。

ところが、どうした理由からか、壬申の乱の前後、蘇我氏はこぞって大海人皇子《おおあまのみこ》を応援するのである。

まず、天智天皇が病《やまい》の床につき、大海人皇子を呼び出したときのことだ。少納言蘇我安麻呂《そがのやすまろ》は大海人皇子に向かって、天智天皇に企《たくら》みのあること、言葉に注意するようにと忠告している。はたして、天智天皇は大海人皇子に譲位《じょうい》をほのめかすが、大海人皇子は安麻呂の忠告に従い、迷うことなく申し出を辞退し、武器を捨て頭を剃《そ》って出家し、吉野での隠棲《いんせい》を決め込んだ。

このとき天智朝の人々は、「虎《とら》に翼《つばさ》をつけて放ったようなものだ」といって臍《ほぞ》を噛《か》んだというから、天智は大海人皇子の出方しだいでは、その場で殺すつもりだったのだろう。大海人皇子はここでまず、蘇我安麻呂に救われたわけである。『日本書紀』には蘇我安麻呂がかねてより大海人皇子と通じていたと記してある。

そして次に、大納言・蘇我果安《そがのはたやす》は、近江軍の主力部隊の副将格で参戦しているが、大海人皇子軍との決戦の直前、なんと味方の大将を殺してしまった。

このため近江軍は敵前で空中分解し、大友皇子敗北の直接の原因をつくっていた。大海人皇子勢は一気に戦場を走り抜け、近江の都を飲み込んでいってしまうのである。

なぜ蘇我氏は、形勢不利な大海人皇子に加担したのであろう。

壬申の乱で大海人皇子を勝利に導いたのは、蘇我氏の内応と、もう一つ大切な要因があった。それが尾張《おわり》氏で、この一族は蘇我氏と縁が深い。

『先代旧事本紀《せんだいくじほんぎ》』に従えば、尾張氏の祖は天香語山命《あまのかごやまのみこと》で、この人物は饒速日命《にぎはやひのみこと》の末裔《まつえい》であり、要するに物部《もののべ》同族ということになる。「出雲《いずも》＝物部」という視点からいえば、尾張も蘇我も根は同じである。

この尾張氏は東国の雄族《ゆうぞく》として知られるのだが、その本貫地《ほんがんち》はヤマトの葛城《かつらぎ》であったという。実際、葛城には「高尾張邑《たかおわりむら》」という地名もあり、尾張氏は葛城の女人との婚姻を盛んに行なっていた。葛城の忍海郡《おしみのこおり》には尾張氏の枝族《しぞく》・伊福部連《いふくべのむらじ》がいた。蘇我氏の本貫地も葛城であり、二つの氏族は何かしらの接点をもっていたはずである。

尾張氏は海の民で日本全国に拠点をもっていたが、とくに東海から北陸にかけて濃密に展開していた。その北陸の地には、蘇我氏も進出している。

『日本書紀』宣化《せんか》天皇元年（五三五）五月の条《じょう》には、天皇が各地の屯倉《みやけ》の米を運ばせたとき、物部氏と阿倍《あべ》氏は、それぞれ同族の者を向かわせたが、蘇我氏は、尾張氏を遣《つか》わしたという。それほど二つの氏族は近い関係にあったのだろう。

◇皇親政治の本当の意味

ところで、壬申《じんしん》の乱《らん》の発端は、吉野に隠棲《いんせい》していた大海人皇子《おおあまのみこ》が裸一貫《はだかいっかん》で東国に逃れたことに求められるが、このとき、近江《おうみ》朝では、大混乱が起きていたという。多くの兵が恐れをなして逃亡してしまったというのである。いったいどういう理由で、正規軍を抱える近江勢が丸腰で東国に逃れた大海人皇子を恐れる必要があったのだろう。

『日本書紀』は隠匿《いんとく》しているが、このとき、尾張《おわり》氏が大海人皇子を真っ先に出迎え、軍資金を提供していたのである。『日本書紀』の次に記された『続日本紀《しょくにほんぎ》』が、この尾張氏の活躍を「ついうっかり」記録しているために、『日本書紀』の記した壬申の乱の謎《なぞ》の一つが解けてしまったわけである。

要するに、近江勢の焦《あせ》りは、大海人皇子が尾張氏と結びついた結果起きたのであり、乱の最大の功労者は尾張氏であったことは明らかである。それにもかかわらず、『日本書紀』は乱の経過の中で尾張氏の名をまったく無視してしまったのである。

なぜこの大切な尾張氏の活躍を、『日本書紀』は秘匿《ひとく》してしまったのだろう。ここに、壬申の乱だけではなく、大海人皇子（天武《てんむ》天皇）の正体を知るための貴重なヒントが隠されている。

壬申の乱で蘇我氏と尾張氏が大海人皇子に付いたのは、偶然ではなかったのではあるまいか。というのも、蘇我も尾張も、大海人皇子と深い絆《きずな》で結びついていた疑いが強いからである。

『日本書紀』に従えば、天武天皇は天智《てんじ》天皇の弟ということになる。ところが中世の文書のことごとくが兄弟の順番を逆にして捉《とら》えているのである。このことに疑念を抱き、中世文書に軍配《ぐんばい》を挙げ、しかも、天武が蘇我系の皇族だったと指摘したのは、大和岩雄《おおわいわお》氏であった。

大和氏は大海人皇子の母・皇極《こうぎょく》天皇の経歴に着目した。『日本書紀』に従えば、皇極天皇は舒明《じょめい》天皇に嫁ぐ以前、蘇我《そが》系皇族で用明《ようめい》天皇の孫に当たる（あるいは子とも）高向王《たかむくおう》との間に漢皇子《あやのみこ》を産んでいたことになる。

大和氏はこの漢皇子こそ、大海人皇子の正体にほかならないとする。大海人皇子が天智の弟ではなく兄であるならば、漢皇子をおいてほかには考えられないからだ。そして、漢皇子・大海人皇子どちらも、蘇我・尾張という共通の人脈を想定できる、としたのである。

たとえば、大海人皇子の名に含まれる「大海」という氏族は尾張氏と同族で、同様に漢皇子の「漢」は、蘇我氏の寵臣《ちょうしん》・東漢《やまとのあや》氏の「漢」であろう、といった具合である。漢皇子の父高向王の「高向」も、高向氏という蘇我系豪族と重なってくる。すなわち、高向王・漢皇子・大海人皇子は、蘇我腹の家系で、しかも蘇我系、あるいは尾張系に養育された王家ということになる。

じつに魅力的な説であり、天武天皇が壬申の乱に勝利した理由もこれで明らかになってくるのである。そして、壬申の乱の意味というものが、たんなるお家騒動ではなく、乙巳《いっし》の変《へん》からつづく政争のひとコマと見なすことが可能となる。

檜隈寺十三重石塔　ここは渡来系氏族東漢氏の本拠地だった（奈良県明日香村）

中大兄皇子《なかのおおえのみこ》は乙巳の変で蘇《そ》我入鹿《がのいるか》を殺し、親蘇我派の孝徳《こうとく》朝も潰《つぶ》し、実権を手に入れることができた。そして強行されたのが白村江《はくそんこう》の戦いであった。しかし民衆は中大兄皇子に冷淡で、天智天皇として即位した前後、各地に火の手が上がったのである。天智崩御《ほうぎょ》後、大友皇子《おおとものみこ》が正規軍を擁しながら大海人皇子に敗れたのは、民衆と豪族層の支持を得られなかったからであろう。

こうして蘇我系皇族大海人皇子は、壬申の乱を制すると、迷うことなく都を蘇我氏の地盤・飛鳥《あすか》に戻し即位したのである。

そして本当の問題はこのあとにある。これまでの経緯《いきさつ》上、天武天皇は蘇我派の皇族であり、入鹿を殺した「天智王朝」を打倒することで天下を取ったことになる。したがって天武天皇は、蘇我氏の改革事業を継承したはずであった。ところが実際には、天武天皇は独裁権力を握り、「皇親《こうしん》政治」を始めてしまったのである。これをどう解すればいいのだろう。

答えは意外に簡単なのではあるまいか。

律令《りつりょう》制度とは明文化された法制度を指しているが、いっぽうで土地政策も含まれていた。すなわち、それまで各地の豪族層が握っていた私有地を、いったん天皇家のもとに集め、さらに戸籍をつくり、公平に土地を分配し、そこから上がる余剰収穫を国が税として吸い上げようというものである。

この結果、原則的に土地の私有は禁じられ、その代償として、豪族層にはその力に応じて、官職《かんしょく》や冠位《かんい》を与えるという形をとる。したがって、律令制度を本格的に導入するに際しては、私有地を手放さなくてはならない豪族層の不平不満が中央に寄せられることは容易に想像のつくところである。

そこで、「偉大な調停者」の存在が不可欠となる。誰もが信頼をおく人物が、豪族層の「値踏み」をし、相応の役職を与えなければならないであろう。その「偉大な調停者」には、豪族層や民衆の支持を得て壬申の乱を制した天武天皇が、もっともふさわしかった、ということになる。

つまり、皇親政治とは、律令制度導入のための「方便《ほうべん》」であり、中大兄皇子らが目指した「天皇独裁」とは根本的に異質だったと考えるべきである。

この天武朝の「性格」を独裁志向と判断していたところに、通説の過《あやま》ちがあったというべきであろう。そして、天武天皇の「皇親政治」の中身が分かると、このちの政局の流転の本当の意味が見えてくる。

◇藤原不比等の本当の目論見

さて、天武《てんむ》天皇という偉大な調停者が出現しながら、律令《りつりょう》の完成を待たずにこの世を去ったから、再び政局は混乱する。

天武の皇太子は草壁皇子《くさかべのみこ》であったが、病弱であったために、天武崩御《ほうぎょ》後三年間即位できないまま亡くなってしまう。そこで皇位を継承したのが、天武の皇后《こうごう》の立場を利用した持統《じとう》天皇だった。

問題は、この持統と側近の藤原不比等《ふじわらのふひと》にある。

天武天皇の皇子は掃《は》いて捨てるほどいたのに、なぜ持統天皇が誕生したのか、深い謎《なぞ》を残している。というのも、たしかに持統は天武の皇后であったが、それよりもこの女人は「天智《てんじ》の娘」だったため、壬申《じんしん》の乱《らん》を制した「天武の王朝」にあって、即位できるはずもなかったのである。

どのようなカラクリがあって持統女帝が誕生してしまったのか、『日本書紀』の記述からははっきりしない。しかし、のちの伝承の中で、持統天皇が藤原不比等の「私邸」で即位したとあるところから、かなりきな臭いにおいを感じざるを得ないのである。

もっとも、このあたりの事情は本論とまったく関係のないことだから、これ以上は深入りしない。ここで指摘しておきたいのは、持統天皇の登場によって、天武天皇の目指した「行政改革」が変質していった、という一点である。そして、持統の黒幕に中臣鎌足《なかとみのかまたり》の子の藤原不比等がいたことが大きな意味をもっている。

繰り返すようだが、持統天皇は天智天皇（中大兄皇子《なかのおおえのみこ》）の娘であり、かたや藤原不比等は中臣鎌足の子であった。すなわち、持統と不比等のコンビは中大兄皇子と中臣鎌足の「乙巳《いっし》の変《へん》コンビ」の再来なのである。このコンビが蘇我《そが》系天武天皇の後継者に登場したこと自体が、深い謎に満ちているのである。そして、それはおそらく謀略好きな中臣鎌足の血を引いた藤原不比等の「活躍」抜きには考えられないことと思われる。

藤原不比等はおそらく、「天武天皇の遺志の継承」という大義名分を掲げ、並みいる天武皇子たちを圧倒していったにちがいない。そしてもちろん不比等のねらいは、律令の整備などではなかった。

藤原不比等画像

私見が正しければ、藤原不比等は百済《くだら》王・豊《ほう》璋《しょう》の子であり、百済王家の血を引いている。彼の祖国・百済はもうこの世にない。したがって、生きる道を日本に求めねばならなかった。幸いなことに、その日本は、律令導入のために混乱の中にある。豪族たちは素直に律令導入に従う者、あるいは不満を内に秘めた者、さまざまであったにちがいない。その隙《すき》をつけば、藤原氏がかつての蘇我氏のように、いや、もっと強い権力を握ることができるかもしれない……。そう考えたにちがいないのである。

◇多くの恨みを買った藤原氏

もちろん、いちどは壬申《じんしん》の乱《らん》で没落した藤原《ふじわら》（中臣《なかとみ》）氏である。並大抵なことでは権力の中枢にのぼりつめることはできなかったであろう。そのため、藤原氏は手段を選ばない手口で、多くの皇族や豪族を闇に葬《ほうむ》っている。当然、藤原氏は深い恨《うら》みを買い、その様子は多くの伝承から窺《うかが》い知ることができる。

たとえば『竹取物語』は、藤原氏の陰謀で没落の憂《う》き目《め》を見た紀氏《きのし》（紀貫之《きのつらゆき》）によって書かれた疑いが強いが、藤原不比等《ふひと》を暗示する車持皇子《くらもちのみこ》に対して、「たばかりある者」すなわち、謀略好きな男と手厳しい。そればかりか、姑息《こそく》な手段でかぐや姫を我がものにしようとした人物として描かれている。

車持皇子は、罪もない者たちを血の出るほど叩《たた》きのめすという残虐な人物だったというのだ。

かぐや姫を迎えにきた月の都の者たちは、「いざ、かぐや姫、穢《きたな》き所にいかでか久《ひさ》しくおはせん」と語りかける。「穢き所」とは、藤原の天下そのものを指している。このような辛《しん》らつな批判を受けるほど、藤原氏は恨みを買っていたのだが、彼らにとっての律令《りつりょう》整備は、聖徳太子の描いた理想国家の実現という大意あるものではなかった。既存の豪族層の力をはぎとり、自家のみの繁栄を勝ち取るための恰好《かっこう》の手段にすぎなかった。もちろんこれが、父・鎌足《かまたり》から引き継がれた藤原氏の執《しゅう》念《ねん》だったのだろう。

豪族たちは土地を手放し、その代わりに得た官職だけが権力の拠《よ》り所となった。その人事権を握るのは建て前上は天皇なのだが、その天皇を傀儡《かいらい》にした藤原氏が、他の豪族をねじ伏せていったのである。

また、律令の編纂《へんさん》に深くかかわった藤原不比等は、律令（法律）の肝腎《かんじん》な部分に曖昧《あいまい》な要素をもたせた。もちろん、自家に都合のいい法解釈を行なうためであった。こうして法と天皇の両方を押さえた藤原氏は、「ひとり天下」を完成させていく。藤原氏の独裁政治という悪夢がはじまったのである。

◇不比等がつくった聖徳太子というカラクリ

それはともかく、藤原不比等は『日本書紀』の編纂にも深くかかわり、ヤマト建国から乙巳《いっし》の変《へん》にいたる歴史を大きく書き換えた。それもそのはずで、「蘇我《そが》氏の正義」を後世に残してしまえば、「藤原氏の野望」の正当性は崩れ去ってしまうのだった。そこで、いろいろ小細工を施《ほどこ》している。最大のトリックは、なんといっても聖徳太子であろう。

すでに触れたように、『日本書紀』の聖徳太子礼賛《らいさん》は過剰であった。在俗《ざいぞく》の為政《いせい》者《しゃ》を美化するのは、美化された人物が何かしらの恨《うら》みをもった者であったことも、述べてきたところだ。また、もう一つ考えられることは、聖徳太子を礼賛すればするほど、蘇我入鹿《いるか》が悪人になるという図式が描けることである。

蘇我入鹿は山背大兄王《やましろのおおえのおう》を亡き者にしようと兵を挙げ、山背大兄王は「自分一人のために罪のない人々を巻ぞえにできない」といって、斑鳩《いかるが》宮で一族自滅の道を選んだ。この「聖者の子・山背大兄王の死」こそが、中大兄皇子《なかのおおえのみこ》や中臣鎌足《なかとみのかまたり》の乙巳の変の入鹿殺しの唯一の大義名分であった。そして、聖者殺しという烙印《らくいん》が蘇我入鹿に押されたのである。

しかし、すでに第二章で指摘しておいたように、山背大兄王にも謎《なぞ》が多い。だいたい、自滅にいたる過程があまりに不自然である。最初、宮を囲まれたとき、山背大兄王は馬の骨を宮に置いて逃れ、焼けた骨を見て、入鹿の軍勢は山背大兄王が滅んだと判断しているが、この説話は現実味がない。

さらに不可解なのは、なぜ山背大兄王は一族揃って滅亡の道を選んだのか、ということである。

生駒《いこま》山にいったん逃れ、挙兵すれば勝つのは分かっていたのに、山背大兄王はわざわざ斑鳩宮に戻ってきて、ここで一人残らず死を選んだというのである。これこそが山背大兄王の潔《いさぎよ》さを物語っているとする意見もあるが、それは妄説《もうせつ》である。人の親ならば、子どもだけは助けたいというのが自然の情というものであろう。「自分一人だけのために」なぜ一族を道連れにしたのか……。とどのつまりは権力闘争に敗北したのは山背大兄王であって、罪のない子どもたちをその犠牲にすることが、はたして美徳といえるのだろうか。

◇藤原不比等の仕掛けた罠

したがって、『日本書紀』の「山背大兄王《やましろのおおえのおう》聖者伝説」には無理がある。無理を承知でこのような「お話」を挿入せざるを得なかったのには理由があるようだ。

聖徳太子の伝承を集めた『上宮聖徳法王帝説《じょうぐうしょうとくほうおうていせつ》』には、次のような奇怪な記事がある。

「後《のち》ノ人、父《ちち》ノ聖《ひじりのおほきみ》王ト相《あ》ひ濫《みだ》るトいふは、非《よくもあら》ず」

ここにある聖王とは聖徳太子のことで、

「山背大兄王と聖徳太子が親子ではないのではないかと、後世の人はいっているが、それはよくないことだ」

というのである。

『上宮聖徳法王帝説』は平安時代中期に編まれたもので、このころ、すでに聖徳太子にまつわる『日本書紀』の記述に異論のあったことが知られる。そして、不可解なのは、『上宮聖徳法王帝説』の編者が、このような「非常識」なうわさを否定するのではなく、そのように考えるのは「不謹慎《ふきんしん》だ」とたしなめている点にある。なぜ『日本書紀』に書いてある「常識」を、のちの人が疑ってかかり、しかも『上宮聖徳法王帝説』の編者は、これを「論外」ときっぱり切り捨てなかったのだろう。

むしろ、『上宮聖徳法王帝説』の編者は、「山背大兄王が聖徳太子の子でないことなど、誰もが知っていること」と、暗示していたのではなかったか。なぜなら、『上宮聖徳法王帝説』は、一般には法隆《ほうりゅう》寺の関係者が聖徳太子の伝承を集めたものと考えられているが、「聖徳太子の死の伝承」ばかりをかき集めた摩訶《まか》不思議な文書《もんじょ》だからである。聖徳太子の死に、何か不審《ふしん》な点があったとでもいうのだろうか。

そして、山背大兄王は本当に聖徳太子の子どもだったのであろうか。うっかり、それは「『日本書紀』に書いてある常識」といってしまったが、じつをいうと、『日本書紀』のどこを読んでも、山背大兄王が聖徳太子の子であったとは書いていないのである。あたかもそうであったかのように記してあるだけなのだ。われわれは長い間、藤原不比等の仕掛けた罠《わな》から抜け出せないでいたのではないか。

◇蘇我氏が祟って出る？　法隆寺

先ほど述べたように、蘇我入鹿《そがのいるか》が「悪人」である証拠は、入鹿が聖者・聖徳太子の子・山背大兄王《やましろのおおえのおう》を滅亡に追い込んだことだった。しかし、仮に山背大兄王という「中継ぎポイント」が失われると、この図式は完璧に崩壊するのである。とすれば、「山背大兄王」は、藤原不比等《ふじわらのふひと》が捏造《ねつぞう》した亡霊だったのではあるまいか。というのも、山背大兄王は、不比等の仕掛けた「カラクリ」の要《かなめ》に当たっていたからである。

山背大兄王が抜ければ、聖徳太子や蘇我入鹿という「蘇我系の人物」二人が残されるだけである。そして意外にも二人の関係は近いものだったのではあるまいか。

興味深いのは、法隆寺最大の祭り、聖霊会《しょうりょうえ》のクライマックスで演じられる舞《ぶ》楽《がく》・蘇莫者《そまくさ》である。


「一見してそれは怨霊《おんりょう》なのである」


と、梅原猛《たけし》氏が『隠された十字架』（新潮社）の中で述べたとおり、蘇莫者の出《い》で立《た》ちは異様である。蘇莫者は唐人《とうじん》風の服をまとい、蓑《みの》を背負っているのである。

いったい、この蘇莫者が、なぜ法隆寺最大の祭りの主役なのであろうか。

奇妙な符合がある。斉明《さいめい》天皇にまとわりついた、あの鬼である。かの男は唐人風で、しかも笠《かさ》をかぶっていたという。男の名は豊浦大臣《とゆらのおおおみ》。乙巳《いっし》の変《へん》で殺された蘇我入鹿とも蘇我蝦夷《えみし》ともいわれていた。

では、豊浦大臣なるものと、蘇莫者の似かよりには何か関係があるとでもいうのだろうか。

梅原猛氏は、蘇莫者の「蘇」は「蘇我」であり、蘇莫者は「蘇我の莫《な》き者」＝「蘇我の亡霊」であろうとした。しかもそれは、「蘇我系皇族」聖徳太子にほかならないというのである。

蘇莫者の「蘇」が「蘇我」の「蘇」であることに異存はない。しかし、それは本当に聖徳太子を意味していたのだろうか。

やはり聖徳太子建立《こんりゅう》の四天王《してんのう》寺にも、蘇莫者伝承がある。そこでは、聖徳太子が法隆寺から四天王寺に向かう山中で、山神《やまがみ》・蘇莫者に出会ったのだとしている。この伝承を見る限り、聖徳太子と山神・蘇莫者は別人である。法隆寺の聖霊会でも、蘇莫者の舞楽を鼓舞するように、聖徳太子は笛吹き役として舞台の脇に控えている。とすれば、蘇莫者は聖徳太子ではなく、しかも聖徳太子を上回る大役である。とするならば、蘇莫者は聖徳太子ではない蘇我系の何者かであり、蘇我入鹿そのものだったのではあるまいか。

では、なぜ法隆寺に蘇我入鹿が祀《まつ》られねばならないのだろう。

いや、こう考えるべきではないか。つまり、法隆寺は、「蘇我」の寺であり、そこに祀られるのは聖徳太子という個人ではなく、「蘇我」にかかわる人々、と考えればいいのである。この「蘇我」は、『日本書紀』によって、聖者・聖徳太子と、悪人・蘇我入鹿に分類されてしまっただけの話なのである。蘇我氏の功績はすべて皇族としての聖徳太子という偶像にかぶせられ、いっぽうで蘇我氏の「悪」のイメージは、聖徳太子一族殺しという「冤罪《えんざい》」によってつくり上げられたのであろう。しかし、斑鳩《いかるが》宮の山背大兄王の「奇怪な滅亡」を見れば分かるとおり、それは明らかな虚構である。

じつをいうと、このようなカラクリを見事にわれわれの前に提示してしまったのが、八世紀の藤原氏なのである。

天平《てんぴょう》十年（七三八）三月、長らく途絶えていた法隆寺への食封《じきふ》が、突然再開される。そしてその翌年には夢殿《ゆめどの》建立と、法隆寺がにわかにあわただしくなった。

理由ははっきりしている。藤原氏は祟《たた》りに怯《おび》え、法隆寺を厚く祀らざるを得なかったのである。

以下、法隆寺の食封の秘密を知るために、藤原氏の「汚《けが》れた手」について、触れておかなくてはならない。

◇恐怖のどん底に突き落とされた藤原氏

八世紀、藤原不比等《ふじわらのふひと》の死後、不比等の四人の子、武智麻呂《むちまろ》・房前《ふささき》・宇合《うまかい》・麻呂《まろ》がこの世の春を謳歌《おうか》していた。四兄弟と親藤原派の豪族で朝堂《ちょうどう》の中枢を独占し、初の藤原腹の天皇・聖武《しょうむ》が君臨し、しかもその正妃《せいひ》の地位には、不比等の娘・光《こう》

法隆寺の夢殿　聖徳太子の持仏堂（奈良県斑鳩町）

平城京跡　元明天皇が遷都。以後8代にわたる天皇の都となる（奈良市）

明子《みようし》が座るという盤石《ばんじやく》の藤原体制が整っていたのである。

ところが、ここから藤原氏を恐怖のどん底に落とし込む事件が勃発《ぼつぱつ》する。天平九年（七三七）、北部九州で流行した天然痘《てんねんとう》が平城京《へいじようきよう》に津波のように押し寄せ、藤原四兄弟が四カ月の間に全員罹病《りびよう》、みなこの世を去ってしまったのである。古代の疫病《えきびよう》は悪霊《あくりよう》がもたらすと信じられていた。では、藤原氏を襲った悪霊は何者だったのだろう。

彼らに心当たりがないわけではなかった。神亀《じんき》六年（七二九）というから藤原四兄弟の死の八年ほど前、藤原氏の横暴に反発していた長屋王《ながやおう》に「謀反《むほん》の企《たくら》みあり」、と密告があり、長屋王は一家滅亡に追い込まれる。ところが、この密告は誣告《ぶこく》（ウソの報告）であったと『続日本紀《しよくにほんぎ》』は記録している。もちろん、裏で糸を操っていたのは藤原氏であった。

どうやら、長屋王は祟《たた》っていたらしい。

『日本霊異記《にほんりよういき》』によれば、長屋王一家の遺体は、平城京の外に捨てられて焼かれ、灰はそのまま川や海に捨てられたのだという。ただ、長屋王の骨だけは土佐《とさ》国（高知県）に流されたのだった。

ところが、土佐でばたばたと人が死に、長屋王の祟りにちがいない、と大騒ぎになった。そこで朝廷は仕方なく遺骨を紀国《きのくに》（和歌山県）の小島に移したのだという。これとそっくりな話は『今昔物語《こんじゃくものがたり》』巻二十の二十七にも載っているから、よほど人口《じんこう》に膾炙《かいしゃ》した話だったのだろう。

不可解なのは、ここからだ。長屋王が祟り、人々は震え上がったというが、もっとも恐怖したのは長屋王一家を死に追いやった張本人、藤原氏であろう。ところが、不思議なことに、この後、長屋王を丁重に祀《まつ》った記録がないのだ。そのかわり、どうした理由からか、藤原氏は法隆《ほうりゅう》寺を重視しだすのである。法隆寺と長屋王の間にはなんの脈絡もないはずだから、いったい藤原氏はなぜ祟る長屋王の出現と同時に、法隆寺に注目したのだろう。

しかしこの謎《なぞ》も、天武天皇の素性が明らかになったことで、謎ではなくなる。長屋王は天武《てんむ》天皇の孫であり、反藤原の皇族として頭角を現わした。天武は蘇我《そが》系の天皇であり、藤原氏から見れば、長屋王も同じ穴の狢《むじな》である。「臭いものには蓋をしろ」ではないが、藤原氏が目の敵《かたき》にしてきた「蘇我」はひとくくりにされ、法隆寺でまとめて祀られたということになろう。だからこそ、長屋王の祟りの後、法隆寺に盛んに食封《じきふ》が与えられたのであろう。

◇本当に蘇我倉山田石川麻呂は入鹿を裏切っていたのか?

藤原氏が祟《たた》られる理由は、長屋王《ながやおう》暗殺だけではない。藤原氏の始祖・中臣鎌足《なかとみのかまたり》は、中大兄皇子《なかのおおえのみこ》とともに、大化改新《たいかのかいしん》の前後、じつに多くの暗殺劇を演じている。そのすべてをここで再現することはできないが、もっとも代表的な例を一つ紹介しておこう。

まるで山背大兄王《やましろのおおえのおう》のように、一族滅亡に追い込まれた蘇我《そが》系豪族が実在する。それは蘇我倉山田石川麻呂《そがのくらやまだいしかわのまろ》である。

石川麻呂は蘇我入鹿《いるか》の従兄弟《いとこ》に当たり、乙巳《いっし》の変《へん》に際し、蘇我入鹿を裏切り、中大兄皇子と中臣鎌足に与《くみ》したことで知られる。

しかし、これは本当だろうか。

蘇我入鹿暗殺に際し石川麻呂に与えられた任務は、なに食わぬ顔をして上表文《じょうひょうぶん》を読み上げ、蘇我入鹿を安心させる、というものであった。しかし恐怖心と緊張から、声が震えた、と『日本書紀』はいう。

「大政治家」蘇我入鹿を暗殺するためには周到な準備が必要だったろう。だが、蘇我氏内部の人間を味方に引き込むことは、暗殺計画が露見するリスクを伴う。このようなつまらない「おとり役」が、どうして必要だったのだろう。計画露見の危険性と比較して釣り合いがとれない。入鹿が油断するであろう石川麻呂であるならば、彼が直接入鹿に斬りつけるぐらいの役回りが適任である。この点、石川麻呂の「造反《ぞうはん》」には疑問が残る。

結論を先にいってしまえば、石川麻呂は、乙巳の変で入鹿を裏切ってはいない。それにもかかわらず、中大兄皇子らに与したと『日本書紀』が記さざるを得なかったのは、それなりの理由があったからである。それは乙巳の変と大化改新の本質を抹殺《まっさつ》するための『日本書紀』の姑息《こそく》な手段であった。

では、それがどのようなものであったかは、石川麻呂の悲劇を知らなければ理解できない。以下、長くなるが、石川麻呂の生き様について考えておきたい。

石川麻呂が中大兄皇子と手を組むきっかけについて、『日本書紀』は次のように記録している。

皇極《こうぎょく》三年（六四四）正月というから、乙巳の変の前年、中臣鎌足は中大兄皇子と法興《ほうこう》寺の打毬《うちまり》（蹴毬《けまり》）で知り合い、南淵請安《みなぶちのしょうあん》のもとに通いながら入鹿暗殺の謀議を重ねた。このとき中臣鎌足は中大兄皇子に、

「大きな事を起こすには、まず味方を増やす必要があります。石川麻呂の長女を妃《きさき》

となして婚姻関係を結び、そのうえで計画を打ち明けましょう」

と進言したのだった。中大兄皇子は大いに喜び、中臣鎌足は段取りをつけた。

ところが石川麻呂の長女を娶《めと》るというその日に、大切な姫が賊に奪われてしまったという。その賊の名を身狭臣《むさのおみ》といい、のちに再び石川麻呂の命運を握るようになる人物だ。石川麻呂の異母弟・蘇我臣日向《そがのおみひむか》と同一人物と見られる。

困り果てたのは石川麻呂である。なすすべもなく憂《うれ》えていると、別の娘（おそらく持統《じとう》を産んだ遠智媛《おちのいらつめ》であろう）が「姉の身代わりに自分が嫁ぎますから、そう嘆かれますな」といい、中大兄皇子の妃となった。

ここから話は皇極四年（六四五）六月八日に飛ぶ。乙巳の変の直前、中大兄皇子はひそかに石川麻呂に、

「三韓《さんかん》（高句麗《こうくり》・百済《くだら》・新羅《しらぎ》）の調《みつぎ》を奉《たてまつ》る日、あなたが上表文を読み上げてほしい」

と告げている。つまりここで入鹿暗殺の計画を打ち明け、石川麻呂は承諾した、というのである。

そして四日後の十二日、乙巳の変は起きた。

すでに触れたように、この場面で石川麻呂は、上表文を読み上げたが、なかなか事がはじまらないことに動揺し、汗を流し、声と手はぶるぶると震え、入鹿は怪し

打毬　中大兄の革鞋を拾った鎌足との出会いの場面（『多武峰縁起絵巻』）

んだという。

いったい、この役目は何を意味していたのだろう。よくよく考えてみれば、奇妙きわまりない。入鹿を殺すのが目的ならば、石川麻呂を引き入れる必要はどこにもなかったのである。

それはともかく、乙巳の変ののち誕生した改新政府で、石川麻呂は阿倍倉梯麻呂《あべのくらはしまろ》（左《さ》大臣《だいじん》）に次ぐ右大臣《うだいじん》に就任する。

ちなみに孝徳《こうとく》天皇と阿倍倉梯麻呂の娘小《お》足媛《たらしひめ》との間に生まれた皇子《みこ》が有間皇子《ありまのみこ》である。

石川麻呂の悲劇は、大化《たいか》五年（六四九）三月に起きる。

左大臣・阿倍倉梯麻呂が亡くなり、石川麻呂が左大臣に自動的にのぼろうかというそのとき、蘇我臣日向(すでに登場した身狭臣)が皇太子(中大兄皇子)に密告をする。

「異母兄の蘇我倉山田石川麻呂が、皇太子の浜辺に遊ばれる時を狙い、謀反《むほん》を企《たくら》んでおります」

この話を中大兄皇子は信じたという。

それにしても、身狭臣は中大兄皇子に献上されるはずの姫を奪った男である。この密告を中大兄皇子がなんの疑念も抱かずに信じた、というのも不可解である。

◇蘇我倉山田石川麻呂の最期と蘇我臣日向の左遷

さて、連絡を受けた孝徳《こうとく》天皇は蘇我倉山田石川麻呂《そがのくらやまだいしかわのまろ》のもとに使者を遣《つか》わし、真相を問いただそうとした。これに対し石川麻呂は、「天皇に直接お目にかかってお話ししましょう」という。そこで天皇は再び使者を送るが、返答は同じで埒《らち》があかなかった。そこで孝徳天皇は兵を挙げ石川麻呂の館を囲もうとしたが、間一髪のところで石川麻呂は飛鳥《あすか》に逃れたのである。

飛鳥に戻った石川麻呂を出迎えたのは、ひと足先に飛鳥に舞い戻っていた子の興《こ》志《ごし》で、興志は難波《なにわ》からの追討《ついとう》の兵を迎え撃とうと進言するが、石川麻呂は許さなか

山田寺跡　蘇我倉山田石川麻呂の発願により建てられた寺跡(桜井市)

った。また興志は、ためしに宮（飛鳥の小《お》墾田宮《わりだのみや》）に夜討ちをかけようとしたが、石川麻呂はそれを制し、「お前は命が惜しいのか」と厳しく諭し、また、一族郎党《ろうとう》を山田寺（奈良県桜井市山田）に集め、次のように語ったという。

「臣下《しんか》にいる者がなぜ君主《くんしゅ》に逆らうことができるのか。もともとこの寺は自分のためにつくったものではなく、天皇のためにつくったものだ。今私が恐れるのは、身狭臣《むさのおみ》の讒言《ざんげん》によって、罪もないのに殺されることだ。願わくば、あの世にも忠義の心をもっていきたいものだ。ここに戻ってきたのは、安らかに死の時を迎えたいためなのだ」

こういい終わると、

「私は世の末までわが君を恨《うら》むつもりはない」

と誓約し、自《みずか》ら首をくくり、妻子八人が後を追ったという。

いっぽう、孝徳天皇が差し向けた将軍は、石川麻呂がすでに滅んだことを聞き、現在の大阪府羽曳野《はびきの》市付近から引き返していった。

この夕刻、木臣麻呂《きのおみまろ》・蘇我臣日向《そがのおみひむか》らの軍勢が山田寺を囲み、物部二田造塩《もののべのふったのみやつこしお》を召して、石川麻呂の首を斬らせたという。物部二田造塩は大刀を抜き石川麻呂の屍《しかばね》を突き刺し、掲げあげて雄叫《おたけ》びをあげて切り刻んだという。『日本書紀』は、石川麻呂の乱によって連座して殺された者十四名、首を絞められ処刑された者九名、流罪《るざい》になった者十五名、としている。

同月、朝廷は使いを遣《つか》わし、石川麻呂の私財を没収した。そのとき、高価な書籍や宝物《ほうもつ》に「皇太子（中大兄皇子《なかのおおえのみこ》）の書、皇太子の物」と記されていたという。つまり、石川麻呂に謀反《むほん》の企《たくら》みはなく、事件は蘇我臣日向の「讒言」であり「陰謀」であったことがはっきりしたわけである。

これを聞いた中大兄皇子は、石川麻呂の本心を知り、悔《く》い恥じ、嘆き悲しんだという。そして、蘇我臣日向を筑紫大宰帥《ちくしだざいのそち》に任命したのである。人々はこの人事を「これは隠流《しのびながし》か」といったという。「隠流」とは、表向きは栄転だが、実際は左遷させられたことを意味している。

この事件はこれで終わったわけではない。こののち、さらに悲劇はつづいた。中大兄皇子の妃《きさき》で、石川麻呂の娘遠智媛《おちのいらつめ》は、父が「塩（物部二田造塩）」によって斬られたことを知り、「塩」の名を忌《い》み嫌《きら》った。そこで周りの人々は気を遣い、「塩」の名を避け、「堅塩《きたし》」というようになったという。しかし遠智媛は、ついに精神を煩《わずら》って亡くなってしまったのである。これを知った中大兄皇子はひどく悲しんだという。

◇蘇我倉山田石川麻呂の乱の謎

不思議な事件である。

まず第一に、なぜ蘇我倉山田石川《そがのくらやまだのいしかわ》麻呂《まろ》の謀反のねらいが中大兄《なかのおおえの》皇子《みこ》だった、と讒言《ざんげん》されたのだろう。なぜ孝徳《こうとく》天皇ではなく、中大兄皇子に対して敵愾心《てきがいしん》を燃やしたことにされたのか。

つまり、蘇我臣《そがのおみ》日向《ひむか》の目的はなんだったのかということである。それはたんに蘇我氏の内紛だったのか。仮にそうであったとしても、孝徳天皇に対する謀反でもよかったのである。それを中大兄皇子としたほうが、「信憑性《しんぴょうせい》」があったということか。では、なぜ中大兄皇子の名を出せば、信じてもらえると思ったのか。『日本書紀』の記述を信じるならば、中大兄皇子と孝徳天皇を比べれば、石川麻呂は中大兄皇子との間に強い絆をもっている。蘇我臣日向が石川麻呂の乱に信憑性をもたせるのならば、孝徳天皇のほうがふさわしかったのではなかったか。孝徳天皇にしても、中大兄皇子とつながりの深い蘇我倉山田石川麻呂が天皇を打倒しようとしていると聞きつければ、放置することはできなかったであろう。

さらに不審な点は中大兄皇子の態度にも見出すことができる。蘇我臣日向の密告をなんの疑いもなく、その場で信じているのはなぜだろう。

これらの情報を総合するに、「乱」の火付け役は、実際には蘇我臣日向ではなく中大兄皇子だったのではないか、という疑いが出てくる。実際、このあと石川麻呂を追いつめていったのは、孝徳天皇ではない誰かであって、それが中大兄皇子であったと考えると、すべてのつじつまが合ってくる。

このことは、第二の疑問とも重なってくる。その疑問とは、石川麻呂の館を囲んだ主のことだ。

石川麻呂がすでに死んだという報告を受けて、孝徳天皇が差し向けた将軍は、ヤマトの国境を越える手前でいちど軍を引いている。ところがその夕刻、物部二田《もののべのふつたの》造《みやつこ》塩《しお》たちは何者かに「召されて」指示を受け、石川麻呂の館を囲み、石川麻呂の屍を雄叫《おたけ》びをあげて切り刻んでいる。

朝廷の正規軍は石川麻呂は死んだと判断したのだから、「召した」主は孝徳天皇ではない。とすると、いったい誰が石川麻呂の屍をもてあそぶことを命じたのであろう。これも、中大兄皇子と考えることで、つじつまが合ってくる。

そして第三に、石川麻呂の娘・遠智娘《おちのいらつめ》は、なぜ「塩」の名を聞くのを嫌ったのだろう。『日本書紀』の記述を信じるならば、遠智娘が恨《うら》むべきは蘇我臣日向であって、忌《い》むべきは讒言をし、父の死の本当の原因をつくった「日向」の名でなくてはおかしい。あくまで「塩」は、命じられたことを実行したにすぎないからである。

しかも、『日本書紀』の文面からは、遠智娘は「塩」の名を聞くことを嫌ったがゆえに気が変になった、と読みとることができる。そこまで嫌われた「塩」とはなんだろう。「塩」は本当に人の名なのであろうか。

ヒントは意外なところに隠されていた。百済《くだら》王・豊璋《ほうしょう》が百済で行なった「塩漬け」の話である。

◇塩漬けにされた蘇我倉山田石川麻呂の生首

白村江《はくそんこう》の戦いの直前のことである。百済《くだら》はすでにいちど滅亡していたのだが、武《ぶ》王《おう》（義慈王《ぎじおう》の父。また豊璋《ほうしょう》は義慈王の子）の甥・鬼室福信《きしつふくしん》が百済復興を目論《もくろ》み挙兵、日本にいた豊璋を召還《しょうかん》し、王として担ぎ上げたのである。

鬼室福信は勇猛果敢なことで知られ、絶大な人気を誇っていたらしい。ところが、このことが、百済復興の英雄を追いつめていくことになる。日本から向かった豊璋は鬼室福信の人気の高さが気に入らなかったようで、鬼室福信に対し、日増しに猜疑心《さいぎしん》を強めていく。

結局、豊璋は鬼室福信を捕縛《ほばく》し、斬首《ざんしゅ》する。そして『日本書紀』は、この後の様子を次のように記す。

「王、健兒《ちからひと》を勒《ととの》へて、斬《き》りて首《こうべ》を醢《すし》にす」

豊璋は兵士に命じて、鬼室福信の首を「醢」にした、というのである。首を醢にする、とはいったい何を意味しているのであろう。

これは当時の日本にはなかった風習で、罪人の首を塩漬けにして腐敗を防止し、晒《さら》し者《もの》にするための処置である。

蘇我倉山田石川麻呂《そがのくらやまだいしかわのまろ》は、死してのち、屍《しかばね》を切り刻まれたと『日本書紀』はいう。その目的は、石川麻呂の首を「醢」にするためではなかったか。そして、日本になかった風習をもち込んでいたのは、中大兄皇子《なかのおおえのみこ》の側近であった中臣鎌足《なかとみのかまたり》であり、中臣鎌足が豊璋と同一とすれば、「醢」が整合性を帯びてくる。

さらに、石川麻呂が「醢」になってしまったとすれば、娘の遠智娘《おちのいらつめ》の気が変になった原因がはっきりしてくる。遠智媛が「塩」の名を忌《い》み嫌《きら》ったのは、物部二田造塩《もののべのふったのみやつこしお》の「塩」ではなく、父の変わり果てた姿を中大兄皇子から見せられたことが直接の原因ではなかったか。つまり、塩漬けにされた無惨な生首である。

石川麻呂の乱は終始、石川麻呂と中大兄皇子の間に展開されたのであり、孝徳天《こうとく》皇が兵を繰り出し、石川麻呂を追いつめたという話は『日本書紀』の捏造《ねつぞう》であろう。

これ以前に起きていた古人大兄皇子《ふるひとのおおえのみこ》の謀反《むほん》事件も同様である。謀反の密告は孝徳天皇ではなく中大兄皇子にもたらされ、古人大兄皇子追討を命じたのは中大兄皇子であった。

また、時間は下り、斉明《さいめい》四年（六五八）十一月には孝徳天皇の遺児・有間皇子《ありまのみこ》が謀反の企《くわだ》てを起こし、捕らえられ殺されているが、このときも有間皇子を取り調べ、厳しく尋問しているのは中大兄皇子である。どれもこれも、「朝廷に対する謀反」ではなく、「蘇我系豪族」や「蘇我系（あるいは親蘇我派）皇族」と中大兄皇子との対立であったことを無視することはできない。

もちろん、中大兄皇子がすでに大化改新《たいかのかいしん》の直後から実質的な権力者であったとすれば、これも当然のことになるのかもしれない。しかし、孝徳朝の中で、孝徳天皇と中大兄皇子は対立していたのだから、少なくとも権力が中大兄皇子ひとりに集中していたとは考えられない。したがって、中大兄皇子ひとりが「謀反と対決していた」という図式は異常といわざるを得ない。

これに付け加えるならば、孝徳天皇の周辺で起きたいくつかの悲劇では、「物部」や「蘇我」が、つねに悪役として『日本書紀』に登場してくるという事実がある。「物部」や「蘇我」が悪知恵を働かせて蘇我系の皇族や豪族を追いつめ、最後に中大兄皇子が成敗《せいばい》する、というおきまりのパターンである。

たとえば、孝徳天皇の子・有間皇子は謀反《むほん》の嫌疑《けんぎ》をかけられ処刑されるが、最初に皇子をそそのかしたのは蘇我赤兄《あかえ》で、有馬皇子を処刑したのは中大兄皇子だったと『日本書紀』は伝える。

石川麻呂の首を斬り落としたのは物部二田造塩だが、その名のとおり、物部と遠い縁で結ばれている。また、石川麻呂を裏切ったのは身狭臣《むさのおみ》（蘇我臣日向《そがのおみひむか》）で、石川麻呂が中大兄皇子を狙《ねら》っていると讒言《ざんげん》した、というのである。

このように「物部」や「蘇我」には、徹底的に悪いイメージをぬり重ねている。あまりにできすぎた構図に、これまで疑いの目が向けられなかったのは、「中大兄皇子（天智《てんじ》天皇）や中臣鎌足は古代史の英雄」という固定観念から抜け出せないからにほかなるまい。

◇中大兄皇子の仕掛けた要人暗殺

そこで蘇我倉山田石川麻呂《そがのくらやまだいしかわのまろ》の悲劇の事件を振り返るに、一つの仮説が生まれるのである。

乙巳《いっし》の変《へん》の前年、中大兄皇子《なかのおおえのみこ》が石川麻呂の長女を娶《めと》ろうとし、身狭臣に略奪されていたことはすでに触れた。しかし、この略奪の真犯人は、身狭臣ではなく、中大兄皇子本人ではなかったか。

たとえば、仮に「石川麻呂謀反《むほん》」が中大兄皇子の謀略であったのなら、なぜ石川麻呂は飛鳥《あすか》の地に舞い戻り、中大兄皇子の兵に囲まれるという危険を冒したのか、という謎《なぞ》が生まれる。それは、繰り返される蘇我系女人の略奪、人質事件があったからではなかったか。もちろん、石川麻呂の娘・遠智媛《おちのいらつめ》も乙巳の変前夜に略奪されたのであり、石川麻呂が身の危険を顧みず飛鳥に急行したのは、孝徳《こうとく》天皇の兵に追われたからではなく、中大兄皇子の仕掛けた罠《わな》であろう。

そう推理する一つの理由は、『日本書紀』に残された次の二つの歌があるからである。

それは遠智媛が亡くなってしまったことを悲しむ歌である。

山川に　鴛鴦《をし》二つ居《い》て　偶《たぐひ》よく　偶へる妹《いも》を　誰か率《ゐ》にけむ

［現代訳］山川に鴛鴦《おしどり》が二つ並んでいるように、仲よく並んでいる媛を誰が連れ去ったのでしょうか。

本毎《もとごと》に　花は咲けども　何《なに》とかも　愛《いつく》し妹《いも》が　また咲《さ》き出来ぬ

［現代訳］もとごとに花は咲いているのに、どうして、いとしい妹が再び咲いて来ないのでしょう。（『日本書紀』日本古典文学全集　岩波書店）

問題は最初の歌である。

この歌は中大兄皇子が詠《よ》んだものではない。いわゆる「代作」である。中大兄皇子に仕える人物が中大兄皇子の気持ちを代弁した、という設定になっている。中大兄皇子と仲むつまじく暮らしていた遠智媛を、いったい誰が連れ去っていってしまったのでしょう、というのだ。中大兄皇子はこの歌を聞いて、「よい歌だ、悲しいことだ」と感慨にふけったという。

もちろん『日本書紀』は、犯人が蘇我臣《そがのおみ》日向《ひむか》であり、しかも遠智媛の気を変にさせたのは物部二田造《もののべのふつたのみやつこ》塩《しお》だ、といいたいのである。しかし、事件が『日本書紀』の記述どおりであったとすれば、本当の責任は中大兄皇子にある。中大兄皇子が蘇我臣日向の讒言《ざんげん》を見抜けずに、石川麻呂成敗《せいばい》を決行したのである。とするならば、このような歌は生まれるはずがない。中大兄皇子に対する当てつけになってしまうからだ。しかも、「誰か率にけむ」＝「誰が連れ去ったのでしょう」という文意は、遠智媛の最期《さいご》を表現するには不適切である。けっして遠智媛は連れ去られたのではなく、気が変になって衰弱していったのである。

ここに『日本書紀』の大きな矛盾《むじゅん》が潜《ひそ》んでいる。事件の経過と歌の中身が、微妙に食い違っているのはどうしてだろう。

おそらく、『日本書紀』の編纂者《へんさんしゃ》は、石川麻呂謀反《むほん》事件の真相を闇に葬《ほうむ》るために、苦心の末、この歌をどこからか探し出してきたのだろう。

あるいはこういうことかもしれない。乙巳《いっし》の変《へん》の直前、石川麻呂の娘が略奪《りゃくだつ》される、という事件があった。犯人は身狭臣《むさのおみ》（蘇我臣日向）と『日本書紀』はいうが、実際の主犯は中大兄皇子だったはずであり、同様の事件は、何回も繰り返され、その中で、件《くだん》の歌が詠まれていた可能性は高い。

そして、ここに、一つの推理が働く。すなわち、石川麻呂が飛鳥に急行し追いつめられたのは、石川麻呂の身内の誰かが中大兄皇子に略奪され、それを奪還《だっかん》するためだった……。そう考えることで、すべての謎《なぞ》は解けてくるのである。

◇斉明天皇の「狂心の渠」の本当の意味

ここで話は少し飛ぶ。

斉明《さいめい》天皇の「狂心《たぶれごころ》の渠《みぞ》」のことだ。

孝徳《こうとく》天皇崩御《ほうぎょ》（六五四）後即位した斉明天皇が、盛んに土木工事を行ない、顰《ひん》蹙《しゅく》を買っていたことはすでに触れた。

いったい、女帝の目論見《もくろみ》はなんだったのか。もちろん、このような事業は女帝の独断ではない。女帝の息子・中大兄皇子《なかのおおえのみこ》が孝徳天皇の崩御によっていよいよ実権を握り、最初に手がけた事業と見なすべきである。

この当時、百済《くだら》の衰弱は激しく、中大兄皇子の目線はすでに半島に向いていたはずである。とすれば、ぎりぎりの段階での土木工事は伊達《だて》や酔狂《すいきょう》ではできない。しっかりとした目的があったと考えられる。

では、なぜこの時期、飛鳥《あすか》の東側の丘陵地帯に、「狂心の渠」を中大兄皇子は必要としたのであろうか。

繰り返すが、中大兄皇子の乙巳《いっし》の変《へん》以来の宿願は、百済救援である。したがって、これらの土木工事は、軍事目的であったと見たほうが理にかなっている。しかし、飛鳥という都周辺の防御を固める必要はどこにもない。普通ならまさしく「狂心の渠」ということになる。仮に百済救援に失敗して唐《とう》や新羅《しらぎ》が日本に攻め込んだ場合を想定するのなら、飛鳥周辺を敵の軍勢が埋め尽くすとしたら、もはや逃げるほかに手はない。

しかし、中大兄皇子の「計算」を侮《あなど》ることはできない。「つくったそばから崩れるだろう」と揶揄《やゆ》された石垣は、しっかりとした目的をもってつくられたはずである。

この謎《なぞ》を解く鍵《かぎ》は、意外なところにある。天智《てんじ》天皇の人脈と深いかかわりをもつ「岡宮《おかみや》」や「岡本宮《おかもとみや》」である。

◇「岡宮」が解き明かす事件の全貌

持統《じとう》天皇が天智《てんじ》天皇の娘であったこと、持統天皇が天智天皇を意識して政権を奪取したことはすでに触れた。その持統天皇の息子の草壁皇子《くさかべのみこ》は即位できずに病死したが、死後かなり時間を隔てた天平宝字《てんぴょうほうじ》二年（七五八）岡宮御宇天皇《おかのみやにあめのしたしらしめししすめら》尊《みこと》と追諡《ついし》されている。これは、「岡宮《おかみや》」で天下を治めた天皇、という意味で、実際には即位できなかった草壁皇子に対する名誉回復のための称号であった。

この称号が大きな問題をはらんでいる。

『日本書紀』が、草壁皇子が「岡宮」に暮らしていたことに一言も触れていないからである。また、草壁の母・持統も、即位ののちどこの宮にいたのか、明記されていない。おそらく「岡宮」であったはずなのだが、どういうわけか『日本書紀』

岡寺　岡宮の跡地に義淵が建立したと伝えられる（奈良県明日香村）

は、「岡宮」の名を残すことを忌《い》み嫌《きら》っていたようなのである。そして、もう一つの謎は、この「岡宮」の位置が、なかなか確定できないでいることなのだ。

『東大寺要録《ようろく》』『七大寺年表』には、義淵《ぎえん》なる僧が草壁皇子と共に「岡宮」で育てられ、草壁没後、宮を賜り寺にした、とある。これが飛鳥《あすか》の東側の丘陵地帯にある「岡寺《おかでら》」である。ちなみにここに登場する義淵の俗姓《ぞくせい》は市往《いちき》氏で、この一族は百済《くだら》王の末裔《まつえい》とされている。また義淵は、のちに藤原氏の氏寺興福《こうふく》寺の創建に貢献した人物である。

それはともかく、この記述から判断すれば、「岡宮」は「岡寺」のあった場所、ということになる。

いっぽう、『扶桑略記《ふそうりやつき》』によれば、この義淵が、草壁皇子と共に暮らしたのは、「岡本宮」であったとしている。ちなみに、ここにいう「岡本宮」とは、天智天皇の父・舒明《じよめい》天皇と、母・斉明《さいめい》天皇が選んだ宮の名と同一である。「岡宮」と「岡本宮」は、よく似ているために同一視されたのであろうか。

ところで舒明天皇の「岡本宮」について『日本書紀』舒明二年十月の条《じよう》には、

「天皇、飛鳥岡《あすかのをか》の傍《ほとり》に遷《うつ》りたまふ。是《これ》を岡本宮《をかもとのみや》と謂《い》ふ」

とあり、舒明天皇が飛鳥の「岡」のほとりに遷《うつ》り、「岡本宮」と称した、とある。

また斉明二年是歳《このとし》の条には、「斉明天皇の岡本宮」に関して、

「是歳《このとし》、飛鳥の岡本に、更《さら》に宮地《みやどころ》を定む。(中略)号《なず》けて後飛鳥《のちのあすか》岡本宮と曰《い》ふ。田身嶺《たむのみね》に、冠《かうぶ》らしむるに周《めぐ》れる垣《かき》を以《もつ》てす。田身は山の名なり」

と記している。これによれば、斉明天皇は飛鳥の岡本に宮を定め、これを「後飛鳥岡本宮」と名づけたという。

通説はここにある「飛鳥岡」とは、「飛鳥の岡（要するに岡寺のある場所）」という地名を指すのではなく、「飛鳥にある小高い丘」であり、具体的には飛鳥の雷《いかずちの》丘《おか》にほかならないとする。そう考えないと、舒明天皇と斉明天皇が飛鳥のはずれの山の中を宮にしたことになってしまうからであろう。

だから、岡寺のあった「岡宮」と舒明天皇と斉明天皇の「岡本宮」は、異なる宮だった、と考えられるようになったのである。つまり、二つの宮は別のものだ、とするのが今日的解釈である。

しかし、この「岡」＝「小高い丘」説には、同意しかねる。

◇蘇我倉山田石川麻呂が入鹿を裏切ったことにされた理由

かつては、二つの宮はまったく同じものと考えられていたし、実際そう考えることで、多くの謎《なぞ》が解けてくる。というのも、先の斉明《さいめい》天皇二年是歳《このとし》の条には、「田《た》身嶺《むのみね》に、冠《かうぶ》らしむるに周《めぐ》れる垣《かき》を以《もっ》てす。田身は山の名なり」とあるからだ。すなわち、この一連の文章をなんの先入観もなしに読み解くならば、「後飛鳥岡本宮《のちのあすかのおかもとのみや》」は、多武峰《とうのみね》の周囲にめぐらされた石垣の中にあった、ということになる。

そして、多武峰の石垣とは、斉明天皇が造営した「狂心《たぶれごころ》の渠《みぞ》」を使って運ばれた石材によって飛鳥の東側の丘陵地帯に築かれた石垣そのものではなかったか。もちろん、この石垣が実際に構築されていたことは、すでに考古学が実証している。

なぜ遠智《おちの》媛《いらつめ》をめぐる「歌」の解釈をめぐって、このような遠回りをするのかというと、「岡本宮」が遠智媛だけではなく、乙巳《いっし》の変《へん》の謎を解く重大な鍵《かぎ》を握っているからでもある。

さて、「狂心の渠」のあった丘陵地帯は多武峰の山麓であり、しかも「岡宮」「岡寺」は、すっぽりと石垣に守られた場所に位置する。「後飛鳥岡本宮」とは、要するに「岡宮」にほかなるまい。

ここで「岡宮＝岡本宮」の性格というものが、はっきりする。それは、飛鳥の中心地から見て東側の「山間部」であり、都にするにはふさわしくない場所に位置していた。飛鳥を観光に訪れた人々が、岡寺につづく急坂に辟易《へきえき》する姿を見れば、それは容易に想像のつくところだ。そしてその「岡寺＝岡宮＝岡本宮」は石垣に囲まれていたという。

中大兄皇子《なかのおおえのみこ》は何を目的に、飛鳥の東側を重視し、防衛のためとしか考えられない石垣を脇目もふらず構築したのだろう。それをなぜ民衆はあざ笑ったのであろう。それは、中大兄皇子が親蘇我《そが》政権を敵に回し、「岡宮」を城塞化《じょうさいか》し、要人暗殺を繰り返していたからではなかったか。そして、百済《くだら》救援を実行するにしても、もっとも気がかりなのは留守の間に政権を乗っ取られることである。だからこそ常軌《じょうき》を逸《いっ》した突貫《とっかん》工事で、飛鳥の東側の丘陵地帯に強固な石垣を築いたのであろう。

ここで話を蘇我倉山田石川麻呂《そがのくらやまだいしかわのまろ》に戻そう。難波《なにわ》にいた石川麻呂が飛鳥に戻らざるを得なかった理由、それは「岡宮」に盤踞《ばんきょ》する反蘇我勢力の謀略ゆえ、と考えることで、矛盾《むじゅん》が消えるのである。

繰り返すが、石川麻呂が飛鳥に急行した理由は、「岡宮」の勢力にさらわれた身内の誰かを救出するためであったろう。もちろん、それが中大兄皇子の罠《わな》であることは百も承知であったにちがいない。このような経緯《いきさつ》から、石川麻呂が乙巳の変で中大兄皇子に加担したとは思えなくなるのは当然のことである。

では、なぜ『日本書紀』は石川麻呂が入鹿《いるか》暗殺に加わったことにしなければならなかったのかというと、それは、孝徳《こうとく》朝で右大臣《うだいじん》にのぼりつめた石川麻呂が、最初から最後まで中大兄皇子や中臣鎌足《なかとみのかまたり》と対立していたことが歴史に残れば、大化改《たいかのかい》新《しん》の後の孝徳朝が、蘇我系政権であったことが露見するからであろう。

◇山田寺仏頭の執念

ところで、この蘇我倉山田石川麻呂《そがのくらやまだいしかわのまろ》の悲劇には後日譚《ごじつたん》がある。治承《じしょう》四年(一一八〇)、南都《なんと》焼き討ちによって藤原《ふじわら》氏の氏寺興福寺《うじでらこうふく》(奈良県奈良市)が全焼する。そこで興福寺の僧兵たちは、本尊《ほんぞん》を物色し、飛鳥《あすか》の山田寺に目をつけた。もちろん、ここが石川麻呂一族滅亡の地であり、山田寺が四百年間、石川麻呂の菩提《ぼだい》を弔《とむら》ってきたものだからだ。

この仏像の開眼《かいげん》は石川麻呂の三十七回忌に行なわれた。要するに石川麻呂そのものを意識されてつくられていた可能性もある。

興福寺の僧兵たちは、山田寺の本尊に縄をかけ、まるで罪人を引きずるかのように興福寺に運び、なに食わぬ顔で、興福寺東金堂《とうこんどう》の本尊に据えてしまったのである。当時、藤原氏の長者の位置にあった九条兼実《くじょうかねざね》は、このときの様子を次のように述べている。

「僧兵の暴走によって山田寺の仏像を盗み取ったときは大騒ぎになってあちこち謝《あやま》ってまわったが、それでも興福寺の私有物になった。今こうしてつくづく眺めてみると、これほどの仏像が興福寺におさまるというのも、何かの機縁・仏縁があった

興福寺東金堂　室町時代に再建された（奈良市）

からだろう」

いかにも藤原氏らしい身勝手な解釈である。

ところが、応永《おうえい》十八年（一四一一）十月、興福寺で火災が発生し、東金堂は焼け落ちてしまった。当然、山田寺の仏像も焼けたが、奇跡的に、首から上が助かったのである。今でも興福寺宝物殿《ほうもつでん》に飾られている「山田寺仏頭《ぶつとう》」がこれである。

仏像の頭だけが焼け残ったというのは、石川麻呂の塩漬けにされた首の執念ではないか……。そう考えるのは、あまり常識的ではないかもしれない。しかし、そう思わせるほどの残酷な歴史が、蘇我氏の周囲に隠されていたことは間違いない。そして、八世紀の藤原氏が恐れた「蘇我の祟《たた》り」というものが、このような歴史に裏付けられていたことは、容易に想像のつくところなのである。

そして、これらの「祟る蘇我」は、歴史から抹殺《まっさつ》され、しかも法隆《ほうりゅう》寺に封印《ふういん》されてしまったのであろう。したがって、「鬼」としての聖徳太子は、「祟る蘇我」を象徴していたのであり、「偶像」としか考えられないとする説が出たのは、この人物が蘇我の祟りを背負っていたからにほかなるまい。

◇改革潰しの全貌

こうして、乙巳《いっし》の変《へん》と大化改新《たいかのかいしん》の実態は、ようやくその全貌を見せ始めたのである。

それは『日本書紀』のいうような「正義の戦い」などではなく、蘇我《そが》氏が中心となって推し進められた改革事業に対する「改革潰《つぶ》し」だったのである。

五世紀にはじまった部民制《べみんせい》は、やがて屯倉制《みやけせい》へと移行した。さらに、聖徳太子は、中国大陸に完成しつつあった律令制《りつりょうせい》の導入を目論《もくろ》み、新たな政治システムへの道が開かれたのである。もちろん、聖徳太子が目指したものは、屯倉制の整備を急いだ蘇我氏の思惑《おもわく》を継承したものであった。しかもそれは、王権の強化が真の目的ではなく、合議制《ごうぎせい》による中央政府の強化以外の何物でもなかった。

ところが、百済《くだら》の衰弱が、思わぬ波紋を投げかけた。守旧派《しゅきゅうは》の中大兄皇子《なかのおおえのみこ》と百済《くだら》王・豊璋《ほうしょう》（中臣鎌足《なかとみのかまたり》）が、百済遠征に否定的な蘇我政権打倒を目論んだからである。結果、改革派の巨魁《きょかい》・蘇我入鹿《そがのいるか》は暗殺され、蘇我入鹿の遺志を引き継いだ孝徳《こうとく》天皇も、中大兄皇子が岡本で展開したゲリラ戦、度重なる要人暗殺によって、失意の中、憤死《ふんし》するのである。

いっぽう、孝徳天皇亡き後、即位した斉明《さいめい》天皇のもとで、中大兄皇子は民衆の非難を横目に、「岡本宮」周辺の防御を固めたうえで、百済遠征を強行する。しかし、誰もが予想していたとおり、日本は唐《とう》と新羅《しらぎ》の連合軍の前に大敗北を喫し、亡国の危機さえ味わったのである。

百済が滅亡すると、百済王豊璋の子・藤原不比等《ふじわらのふひと》は、日本での生き残りを賭《か》け、最後の「蘇我」潰しに走ったのである。その結果、朝堂はほぼ藤原氏によって独占され、藤原不比等の孫・藤原仲麻呂《ふじわらのなかまろ》（恵美押勝《えみのおしかつ》。七〇六〜七六四）は、自《みずか》らの館で養子のように飼い慣らした人物を天皇に押し立て（淳仁《じゅんにん》天皇）、天皇に「父」と呼ばせている。挙げ句の果てに、自らを皇帝になぞらえ、完璧な独裁体制を構築するにいたる。

この後、藤原氏は律令制度の致命的な欠陥を放置し、その欠陥を利用して領土を広げていった。それが荘園《しょうえん》であり、律令制度の理念を根本的に否定する行為にほかならない。この結果、国家財政は藤原氏によってまかなわれる形で進められたほどであった。藤原氏は「日本」を私物化することにも成功してしまうのである。

また、日本でもっとも皇族を殺している豪族といえば蘇我氏を想像しがちだが、実際には藤原氏であり、彼らは天皇家をただたんに食いものにし、自家の繁栄だけを追い求めたのである。

平安時代の藤原氏の天下の後にやってくる中世が日本のルネッサンスといわれるのは、このような藤原暗黒時代から解放されたからであり、ほぼ同時に聖徳太子信仰が隆盛するのにも、理由がないわけではなかったのである。

古代行政改革と改革潰しの政争は、改革派の敗北に終わったといって差しつかえあるまい。しかしわれわれは、このような歴史を認識することで、二度と同じ過《あやま》ちを繰り返さないための知恵を得ることができるのではあるまいか。

おわりに

歴史は繰り返す。

長い安定の時代は、やがてくる腐敗《ふはい》の前兆《ぜんちょう》であり、その腐敗した「中央」は、多くの場合、「辺境《へんきょう》」、「地方」の鳴動《めいどう》によって変革されてきたものだ。近いところでは、徳川幕府の崩壊《ほうかい》を薩長《さっちょう》連合が促《うなが》し、戦国時代を制したのは尾張《おわり》の織田信長《おだのぶなが》であった。平安時代の貴族社会を打倒したのは、中央から追われ東国で挙兵した源 頼朝《みなもとのよりとも》であり、さらに遡《さかのぼ》れば、天智《てんじ》天皇の築いた近江朝《おうみちょう》は、一夜にして東国豪族層《ごうぞくそう》の団結の前に崩れ去ったのである。

それだけではない。

五世紀の倭国王《わこくおう》の増長は、日本に疲弊と混乱をもたらし、六世紀には、それまで活躍のなかった蘇我《そが》氏が勃興《ぼっこう》し、財政を立て直した。これも「腐敗する中央、改革の原動力としての地方（辺境）」という図式に当てはまるのではあるまいか。蘇我氏は六世紀初頭、継体《けいたい》天皇とともに北陸からヤマトの地に移動したのではないかと、筆者は密《ひそ》かに勘ぐっているからだ。

こうして見てくると、中央政府の停滞を打開してきたのが、地方の力であったことがよく分かる。この教訓は、今日にも十分通用する。石原慎太郎《いしはらしんたろう》氏が東京都知事となり、東京を日本の中の一つの地方と位置づけ、中央政府に揺さぶりをかけているのも、象徴的な事例といっていい。

また、これまでは国家の財政をあてにして無用の公共事業をつづけてきた地方自治体が、方向転換しようと努力している点も見逃せない。おそらく、二十一世紀の日本が復活するかどうかは、地方がどれだけ元気でいられるかにかかっているのではないだろうか。

ただし、問題は山積みである。それはそうであろうとも、もっとも大切なことを忘れなければ、未来は明るい。では、そのもっとも大切なこととは何かといえば、それは人材の育成にほかならない。つまり、有能な若者とやる気のある女性を東京にさらわれないことである。

大都会に若者が流出するのは、地方に既得権にへばりつく頭の固い「お年寄り倶楽部《くらぶ》」がのさばっているからにほかなるまい。

「この街をお前らの好きなように変えてみろ」

といい放つ勇気さえあれば、若者たちは嬉々として生まれ故郷の街に根を下ろすにちがいないのだ。逆に、そうすることのできない地方自治体は、このの ち没落するだけであろう。

今回の執筆にあたっては、PHP研究所文庫出版部の平賀哲史氏、ホソヤプランニングの細谷敏雄氏、歴史作家の梅澤恵美子氏にお世話になりました。改めてお礼申し上げます。

二〇〇二年初夏

合掌　関　裕二

《参考文献》

『古事記祝詞』　日本古典文学大系（岩波書店）
『日本書紀』　日本古典文学大系（岩波書店）
『風土記』　日本古典文学大系（岩波書店）
『萬葉集』　日本古典文学大系（岩波書店）
『続日本紀』　新日本古典文学大系（岩波書店）
『魏志倭人伝』　石原道博編訳（岩波書店）
『旧唐書倭国日本伝』　石原道博編訳（岩波書店）
『三国史記倭人伝』　佐伯有清編訳（岩波書店）
『先代舊事本紀』　大野七三（新人物往来社）
『日本の神々』　谷川健一編（白水社）
『神道大系　神社編』（財・神道大系編纂会）
『失敗の本質』　戸部良一・寺本義也・鎌田伸一・杉之尾孝生・村井友秀・野中郁次郎共著（中公文庫）

『大王から天皇へ』　熊谷公男（講談社）
『天皇と官僚』　笠原英彦（ＰＨＰ新書）
『フォーサイト』　二〇〇一年十月号（新潮社）
『大化改新』　遠山美都男（中公新書）
『官僚たちの縄張り』　川北隆雄（新潮選書）
『〈聖徳太子〉の誕生』　大山誠一（吉川弘文館）
『大系日本の歴史3』　吉田孝（小学館ライブラリー）
『隠された十字架』　梅原猛（新潮社）
『新編　わたしの法隆寺』　直木孝次郎（塙新書）
『蘇我氏と大和王権』　加藤謙吉（吉川弘文館）
『鬼と天皇』　大和岩雄（白水社）
『聖徳太子』　坂本太郎（吉川弘文館）

本書は、書き下ろし作品です。

〔写真協力〕北野天満宮／橘寺（『聖徳太子絵伝』）／談山神社（『多武峰縁起絵巻』）

（五十音順）

著者紹介
関　裕二（せき　ゆうじ）
1959年、千葉県柏市生まれ。歴史作家。仏教美術に魅せられて足繁く奈良に通い、日本古代史を研究。古代をテーマにした書籍を意欲的に執筆している。
著書に『沈黙する女王の鏡』（青春出版社）、『謎とき古代日本列島』（講談社）、『天武天皇 隠された正体』『封印された日本創世の真実』『検証 邪馬台国論争』（以上、KKベストセラーズ）、『古代史の秘密を握る人たち』『消された王権・物部氏の謎』（以上、PHP文庫）などがある。

PHP文庫　大化改新の謎
闇に葬られた衝撃の真相

2002年7月15日　第1版第1刷
2004年8月9日　第1版第6刷

著者　関　裕二
発行者　江口克彦
発行所　PHP研究所
東京本部　〒102-8331　千代田区三番町3番地10
文庫出版部　☎03-3239-6259
普及一部　☎03-3239-6233
京都本部　〒601-8411　京都市南区西九条北ノ内町11
PHP INTERFACE　http://www.php.co.jp/
印刷所
製本所　図書印刷株式会社

ISBN4-569-57767-9